Resuelva su Pasado
Estudios de caso con terapia EMDR

Esly Regina Carvalho, Ph.D.

Resuelva su Pasado
Estudios de caso con terapia EMDR

Esly Regina Carvalho, Ph.D.

Título: Resuelva su Pasado: Estudios de caso con terapia EMDR

© 2017 TraumaClinic Edições, Primera edición
Todos los derechos reservados. Se prohíbe la reproducción.

ISBN-13: 978-1-941727-59-1
ISBN-10: 1-941727-59-X

TraumaClinic Edições
SEPS 705/905 Ed. Santa Cruz sala 441
70390-055 Brasília, DF Brasil

www.traumaclinicedicoes.com.br
info@traumaclinicedicoes.com.br

Traducción: Esly Regina Carvalho, Ph.D.
Revisión Técnica: Irene Owen
Arte: Claudio Ferreira da Silva
Diseño: Marcella Fialho

No se autoriza la reproducción de este libro ni partes del mismo en forma alguna, ni tampoco que sea archivado en un sistema o transmitido de manera alguna ni por ningún medio –electrónico, mecánico, fotocopia, grabación u otro– sin permiso previo escrito de la casa editora.

Índice

Dedicatoria vii

El EMDR cambió mi vida...ix

Quien trata también sufre: La tragedia del incendio del nightclub Kiss..1

Mala cara...15

Fobia a los ratones..29

En busca del evento base 41

Dilema: ¿Con cuál departamento me quedo?....................59

Dilema: ¿Matrimonio o separación?...65

Lo que puede hacer una cuerda...75

Miedo a la matemática: a vara y el pizarrón 85

Desenmarañar...97

Mi primer beso 107

Miedo a las gallinas 117

Resiliencia 129

Mas libros de la TraumaClinic Edições............................146

Dedicatoria

Hace pocas semanas, mi madre terminó de hacer la revisión de este libro en su versión en portugués. Comentó que le habían gustado tanto las historias que le habría gustado que hubiera más. Me di cuenta de que varias de las historias la habían conmovido. Uno de los casos la sensibilizó tanto que le envié el comentario de mi madre en un e-mail a la colega que había compartido su historia.

No todos saben que yo aprendí a leer y escribir en portugués a los 16 años, cuando mi familia volvió a Brasil. Me crie en Dallas y los primeros diez años de mi alfabetización fueron en inglés. Mi madre corregía mis trabajos y los de mis hermanas lo suficiente como para que no pasáramos vergüenza en la escuela por lo que escribíamos. Yo sabía que a veces ella iba a su dormitorio y cerraba la puerta después de leer alguno de nuestros trabajos. Muchos años más tarde, ella confesó que se escondía para reírse a carcajadas de las tonterías que escribíamos. No quería humillarnos ni avergonzarnos, pero no podía contener la risa que le provocaban nuestros errores.

Por eso, cuando ella leyó este manuscrito en portugués y me dijo: "Tu portugués ha mejorado mucho", fue un elogio excepcional. Me hizo cosquillas en un lugar especial y profundo donde viven las letras del abecedario brasileño.

La semana pasada, mi mamá falleció antes de ver publicado el libro en el que invirtió tantas horas de lectura y revisión. Ahora acompañará su lanzamiento sentada en un lugar especial en el Cielo. La extrañamos muchísimo. Es la primera vez que no voy a recibir sus felicitaciones personalmente, pero sé que ella seguirá alentándome en medio de la nube de testigos.

Este libro está dedicado a mi madre, Zilda Costa de Souza.

Thank you, Mommy.

El EMDR cambió mi vida...

Primero, cambió mi vida personal.

Allá por 1995, busqué una terapeuta en Colorado Springs para que me ayudara a sanar un recuerdo antiguo que me molestaba mucho. No creo más en cargar porquería en mi mochila emocional cuando sé que existe una solución terapéutica para esas cosas. Como no había muchas opciones de terapia que estuvieran al alcance de mi bolsillo, concerté una entrevista con una profesional del plan de salud de mi esposo. Resultó ser una persona muy sensible; me propuso hacer unas sesiones de EMDR para ayudarme con las escenas que me estaban molestando. Sabía, por mi historia clínica, que yo era psicoterapeuta, y me pasó unos cuantos folletos y artículos sobre la terapia EMDR (que yo desconocía) para que me familiarizara con ella.

Salí de aquella primera sesión de EMDR tan impresionada con lo que me había pasado que decidí buscar formación profesional en ese tipo de terapia. Quería utilizarla para tratar a mis propios clientes y tenía la esperanza de que, con el tiempo, podría llevarla a otros países. Era consciente de que algo adentro de mí había cambiado para siempre.

De lo que no era consciente era de que también estaba por cambiar mi rumbo profesional.

Soy una de aquellas personas que se comprometieron temprano en la vida profesional con una postura psicoterapéutica denominada psicodrama, y nunca miré hacia atrás. La primera vez que pisé un escenario, me dije: "*Self*, ¡naciste para esto!" Nunca encontré una buena razón para cambiar. Por supuesto que leía acerca de otros métodos y me mantenía al tanto de lo que estaba pasando, pero me encantaban los resultados y la creatividad que ofrecía el psicodrama. Pero cuando la terapia EMDR entró en mi vida, empecé a estudiarla y aplicarla. Todo comenzó a cambiar en el consultorio: la manera de ver al paciente, el deslumbramiento constante al verlos mejorar de una forma casi increíble, lo rápido que se resolvían los temas. Fue realmente increíble, especialmente para una terapeuta experimentada como yo.

Los pacientes llegaban al consultorio y planteábamos metas terapéuticas específicas, muchas de las cuales se lograban muy rápidamente. Los resultados eran mensurables y los logros irreversibles. No veía recaídas y los cambios eran profundos y liberadores. En la actualidad, esto ha llegado a ser la regla de mi trabajo, y no la excepción.

La terapia EMDR representa un cambio de paradigma en la forma de enfocar la psicoterapia. La doctora Francine Shapiro comentó, en su presentación en el congreso de EMDRIA (EMDR *International Association*) en Filadelfia, en septiembre de 2006, que la terapia EMDR es una psicoterapia con base fisiológica. Puede cambiar la percepción traumática y los recuerdos dolorosos, las imágenes, las creencias, las emociones y las sensaciones vinculadas a ellos, en un nivel neuroquímico, en las redes neuronales de nuestro cerebro. Hoy contamos con instrumentos de medición (tomografías SPECT, resonancias magnéticas funcionales, tomografías PET, etc.) que permiten visualizar físicamente los cambios en la actividad cerebral producidos por la terapia de reprocesamiento. *Parece que finalmente hemos hallado el punto de encuentro entre la mente y el cerebro.*

Por estas razones quise lanzar este libro, cuyo contenido ejemplifica esa nueva forma de trabajar que tanto ha cambiado mi vida personal y profesional, y que continúa cambiando la vida de mis pacientes, todos los días. También me da enorme satisfacción brindar formación en terapia EMDR a otros colegas, sabiendo que, a su vez, sus pacientes también se beneficiarán por muchas décadas.

Este libro es un compendio de estudios de casos de colegas que se sometieron a una sesión de terapia EMDR durante el proceso de su formación. Las sesiones fueron grabadas y transcritas y, por lo tanto, se mantuvo el lenguaje coloquial. A través de los casos estudiados, se presenta una variedad de temas. La mayoría de los casos consistieron en una sola sesión de EMDR, aunque varios tuvieron encuentros de seguimiento. Se evidencia la velocidad de resolución al usar los protocolos de terapia EMDR que se ofrecen en la formación básica de este abordaje.

A pesar de que muchos profesionales van a poder sacar provecho de su contenido, el libro está destinado al público en general, con el fin de que más gente conozca la fuerza y el poder de cambio que la terapia EMDR produce en nuestros cerebros, y consecuentemente, en nuestro comportamiento, emociones, sensaciones y decisiones de vida. Aquí se podrá ver cómo es posible evitar la evolución de cuadros de estrés postraumático; la resolución de fobias que fueron fuente de tormento durante años; cómo resolver dilemas y las experiencias traumáticas escolares que han dejado su marca indeleble; y finalmente, cómo fortalecer los recursos que promueven la resiliencia.

Es mi sueño ver a todos los psicoterapeutas habilitados en Brasil (¡y en el mundo!) aplicando la terapia EMDR en el tratamiento de sus pacientes. Quiero que todos tengan la oportunidad de recuperarse del trauma de la vida imperfecta a la que todos estamos sujetos, y sus consecuencias desastrosas: la negligencia, la violencia, los abusos sexuales y físicos, la depresión y la ansiedad, las enfermedades psicosomáticas, los miedos y las fobias, relaciones rotas que podrían ser rescatadas; en fin, de todo este marasmo de dolor y sufrimiento al que nos enfrentamos todos los días como profesionales del área de la salud.

El encanto de todo esto es que formamos parte de un sueño aún mayor: el sueño de Francine Shapiro y de todos los terapeutas alrededor del mundo que comparten el deseo de ver un mundo en el que haya menos sufrimiento. Este libro es apenas una contribución más a la construcción de este mundo mejor.

Esly Regina Carvalho, Ph.D.

Trainer of Trainers, EMDR Institute/EMDR Iberoamérica

Directora Clínica, TraumaClinic do Brasil

www.traumaclinic.com.br

Se pueden ver sesiones de terapia EMDR en nuestro canal de Youtube, algunas de las cuales están transcritas en este libro: **https://www.youtube.com/user/EMDRBRASIL**. Poseen subtítulos en español.

Si usted es psicólogo o psiquiatra y quiera realizar la formación en terapia EMDR, visite: **www.emdriberoamerica.org**

Si usted quiere realizar algunas sesiones de terapia EMDR de forma intensiva, puede acudir a la TraumaClinic en Brasilia. Atendemos en español, portugués e inglés. También atendemos semanal o quincenalmente. Pida una consulta al +55 61 3242 5826 o contato@traumaclinic.com.br. Visite nuestro sitio **www.traumaclinic.com.br.**

Para saber más acerca del material de la TraumaClinic Ediciones, visite nuestro sitio **www.traumaclinicedicoes.com.br.**

Para recibir más noticias y avisos de promociones de nuestro material, inscríbase en **http://bit.ly/2y4cf7y.**

Quien trata también sufre: La tragedia del incendio del *nightclub* Kiss

Sonia, como la mayoría de las personas cuyos casos aquí se relatan, era alumna en el curso de formación de terapia EMDR. Había hecho el primero de los tres módulos, pero cuando volvió para hacer el segundo módulo, estaba tan afectada por lo que le había pasado al ayudar a los sobrevivientes y familiares del incendio del *nightclub* Kiss, ocurrido en enero de 2013 en Santa María, que los propios colegas me insistieron que la tratase. Como el instituto en el que se desarrollaban las clases tenía infraestructura como para grabar las sesiones de terapia, esa sesión sirvió no solo para ayudar a Sonia, sino también para mostrar a los participantes cómo la terapia EMDR puede ayudar a una persona que ya presentaba los síntomas iniciales de estrés postraumático.

Sonia estaba muy afectada: no dormía bien desde el ocurrido, estaba ansiosa y rompía en llanto fácilmente. No paraba de pensar en las escenas que había presenciado cuando los familiares entraron en el gimnasio, doce horas después de la tragedia, para identificar los cuerpos de las víctimas, en su mayoría personas jóvenes. Más de 240 personas perdieron la vida en el incendio. Sonia había respondido al pedido público del gobierno, que convocaba a profesionales del área de salud, ya que el número de víctimas había sido tan alto.

Esta sesión sigue el protocolo EMDR para eventos recientes, donde se usa una adaptación del protocolo clásico de ocho fases. En vez de usar una imagen fija al estructurar el recuerdo, se trabaja la serie de eventos como si fuese un vídeo, o una serie de imágenes. Se entiende que por tratarse de algo ocurrido hacía menos de seis meses, la memoria aún no tiene la consolidación característica de la memoria de largo plazo. Se hace difícil identificar cuál escena es la peor, ya que todo es malo.

También se incluyen en este relato la sesión de seguimiento al día siguiente al de la sesión de tratamiento, y la realizada dos meses después, cuando Sonia vino a terminar el curso de formación en terapia EMDR. Se puede percibir claramente la gran diferencia que cincuenta minutos pueden hacer en la vida de una persona.

Primera sesión

Sonia (cliente, C): ¿Lograré superarlo?

Terapeuta (T): Vamos a ir despacio. Ya sabes cómo funciona la estructura de la sesión de terapia EMDR. Si necesitas ayuda, basta con pedirla. Y si no quieres o no puedes seguir, podemos parar en cualquier momento. Vamos a ir con cuidado. Y si Dios quiere, te sentirás mejor. ¿De acuerdo?

C: Bien.

T: ¿Comenzamos?

C: Adelante.

T: Cuéntame lo que te está abrumando tanto.

C: Es que es difícil hasta de poner en palabras. [Llora.] Las imágenes son muy fuertes. Había tantos cuerpos. Y cuando fuimos a ayudar... En ese momento, no podía llorar: tenía que ser fuerte, para poder darle apoyo a aquella madre, a aquel padre. Las peores escenas son las de los cuerpos, porque eran tantos. Y eran tan jóvenes. Y la desesperación de las personas... la impotencia. Ese es el tema: nosotros [los profesionales] nos reprochamos duramente por lo que no pudimos hacer. Es bien difícil.

T: A ver… ¿Qué fue lo más difícil? ¿La parte de las imágenes en el gimnasio? ¿Esto fue cuánto tiempo después del incendio?

C: Fui a ayudar el domingo por la mañana. Mi esposo y yo salimos a caminar por la mañana, y la vecina ya estaba en la calle. Habíamos oído los bomberos y las ambulancias durante la madrugada, y pensamos que se trataba de un accidente bien grave, pero nunca algo de esta proporción. Salimos a caminar y la vecina nos preguntó: "¿Se enteraron de lo que pasó? Se prendió fuego un *nightclub*. Hay bastantes muertos". Pero no teníamos noción de la proporción de lo ocurrido. Volvimos a casa, prendimos el televisor y comenzamos a ver. Cada vez era mayor el número de muertos: 30, 40, 100... El teléfono empezó a sonar. Tengo una hija adolescente. Una amiga de ella estaba pasando la noche en mi casa. Pero ellas solo tienen catorce años; nunca saldrían de casa para ir a un *nightclub*.

Y mi esposo... la familia de él es de Santa María. Él estaba aterrorizado pensando en sus sobrinos. En la televisión, decían que se necesitaba ayuda en el gimnasio. Mi esposo y yo teníamos un compromiso en una ciudad vecina, pero le dije: "Yo voy". Mi esposo me dijo: "No, no vas". Intentó disuadirme, pero yo quería ir, porque se necesitaba ayuda. No podía quedarme en casa. Estaba muy enojada con él, porque quería ir. Era lo mínimo que podía hacer. Mi esposo me dijo que iba a subir la montaña y salió con el coche. La llamé a mi cuñada y le dije: "Por favor, ven a casa, que voy al gimnasio a ayudar". Dejé a los niños con ella y fui. Mi vecina me llevó.

Pero una cosa era ver en la televisión lo que estaba pasando. Estar allá fue completamente distinto. Llegué a las 11 de la mañana del domingo y no habían abierto los portones todavía. Había una enorme multitud, desesperación y caos total. Nos identificamos y entramos. Se trataba de un centro deportivo donde se desarrollan eventos y donde funcionan las ferias. Había varios pabellones. Todo se concentró en tres de ellos. En el de la derecha se recibía a las familias. Fuimos formando grupos. Cada grupo tenía psicólogo, trabajador social, enfermera y médico. Era un caos. Nadie sabía que hacer. Estábamos totalmente perdidos.

Abrieron los portones y las familias empezaron a entrar. Todos querían saber de sus hijos. Y nosotros no sabíamos nada. No sabíamos qué hacer. Uno nunca sabe qué hacer. La impotencia. No había qué decir. Las personas preguntaban: "¿Para dónde voy?" Lo recuerdo bien. Decían: "¿Adónde voy? ¿Me quedo aquí o voy al hospital?" "No sé, quédese aquí."

Leyeron los nombres de los hijos... Ay, esa parte fue horrible. Gente que se desmayaba y era derivada a los médicos. Y recuerdo que una médica dijo: "Aquí afuera es una cosa, pero allá adentro es realmente muy difícil. El que no tenga la estructura emocional para enfrentarlo, que no entre. Porque es terrible". Pero nosotros entramos. Era caótico.

T: Vamos a intentar organizar esto un poco. Esto es lo que quiero que hagamos: repasemos todo lo que viste, como que si fuese un vídeo. ¿Cuál sería el comienzo del vídeo? ¿La charla con tu vecina? ¿Cuando llegaste a las 11 al gimnasio? ¿Adónde comienza la peor parte de la situación?

C: Allá adentro del gimnasio.

T: Allá adentro. ¿En que momento, dirías?

C: En el momento en que vi los cuerpos. En el momento de llevar a los integrantes de las familias a reconocer los cuerpos.

T: ¿En qué momento termina esa situación? ¿Cuando vuelves a tu casa? ¿Cuando te fuiste del lugar? ¿Algunos días después? ¿Hasta ahora?

C: En realidad, después... una semana después. Me tomé unas vacaciones. Fue entonces que me calmé. Salí de la ciudad. Creo que termina cuando salí de la ciudad, pero ahora ya estoy de vuelta y se ha vuelto a poner muy pesado.

T: Entonces, la peor parte duró una semana. ¿Y volviste en los días siguientes a la tragedia para ayudar, o fuiste solo el primer día?

C: Volví el lunes y el martes. Y fui a algunas reuniones, para ayudar a tomar decisiones... En fin, volví el martes también.

T: Cuando piensas en el impacto de esas imágenes, ¿qué piensas sobre ti misma que sea negativo, falso e irracional?

C: Que soy incapaz.

T: Y si yo tuviera una varita mágica y pudiera arreglar todo esto, ¿qué te gustaría pensar sobre ti misma, que fuese positivo y verdadero?

C: Que hice lo que pude.

T: Y cuando piensas en aquella escena, y piensas en las palabras "Hice lo que pude", en una escala de uno a siete, donde siete es completamente verdadero y uno es falso, ¿cuán verdaderas sientes que son esas palabras?

C: Cuatro.

T: Cuando piensas en aquella experiencia difícil, ¿qué emociones aparecen ahora?

C: Desamparo. Impotencia.

T: ¿Y cuánto te molesta, en una escala de cero a diez, donde diez es la máxima perturbación que puedes imaginar y cero es nada?

C: ¿Cuánto me molesta ahora? Creo que nueve.

T: Sonia, ya sabes cómo funciona esta terapia, pero siempre es bueno incluir una explicación. A veces pueden surgir cosas diferentes, a veces no. Lo que vamos a hacer hoy es repetir esta escena varias veces, en un intento de ir desensibilizando la perturbación vinculada al recuerdo. Voy a pedirte que pases el vídeo del inicio al fin, varias veces. Voy a hacer los movimientos, y tú me dices cuándo debo parar. Pasa el vídeo, mientras voy haciendo los movimientos, y me avisas cuando ya lo hayas repasado. Deja que tu cerebro haga lo que tenga que hacer. Si quieres parar, sabes que puedes levantar la mano para que paremos; puedes pedir que paremos en cualquier momento y paramos. Sé que es muy duro, pero espero que pudiendo trabajar esto, te vas a sentir mejor y vas a poder hacer lo que quieres: ayudar más a las personas de tu ciudad, ¿verdad? ¿Alguna duda, pregunta? [Sonia indica que no.]

Entonces empecemos. Quiero que pienses en aquellas imágenes, piensa en las palabras "Soy incapaz", siente eso en tu cuerpo, repasa el vídeo, y avísame cuando termines, para que paremos.

[La terapeuta comienza los movimientos bilaterales (MBL) y Sonia sigue los movimientos de la mano de la terapeuta con sus ojos.]

C: [Señala que quiere parar.]

T: Respira hondo. ¿Y ahora?

C: Las escenas de las madres que querían llevarse a los hijos (muertos) a la casa. Ellas decían: "¡Párate! ¡Despierta!" Esas escenas vienen con mucha fuerza.

T: Voy a continuar con el movimiento visual, pero si necesitas llorar un poquito, ¿puedo seguir realizando los movimientos en tu rodilla? [Sonia asiente. MBL]

C: Continúo viéndolo, recordándolo... aquellos padres, aquella ira, personas con mucha ira, madres gritando y llamando a sus hijos. Había muchos ataúdes, los ataúdes seguían entrando... [La terapeuta continúa con los movimientos bilaterales.]

T: Respira hondo.

C: Ahora ya no estoy más en aquel pabellón donde están los cuerpos y las familias. Me vino la escena de un padre que vino por las hijas, y el yerno lloraba... y la solidaridad de las personas. Había un médico que ofrecía masajes a la gente y logró una relación muy cercana con una familia en particular. Yo me quedé con ellos. Eran personas simples, carentes de recursos; las hijas (las víctimas) eran universitarias. Y había dos hermanas que venían de una ciudad cercana. Eran personas muy humildes y carecían de recursos económicos. No sabían ni a qué funeraria llamar. Nosotros hicimos los llamados, mis colegas y yo. Logramos que viniesen. Lo que me llamó la atención... ahora me vino eso... fue la movilización de las personas; se mostraban preocupadas... no con el sentimiento en sí, sino con...

Recuerdo a este muchacho que perdió a su esposa y tuvo que volver a reconocer el cuerpo. Eran dos hermanas y el oficial le dijo que debía entrar, porque las identidades podían estar cambiadas. Él no quería entrar, así que lo acompañé. Él la reconoció, y dijo: "Mira qué linda es". Pero la verdad es que estaban todos chamuscados; no eran bonitos en absoluto. Había un cuerpo... Recuerdo haber pensado "Qué tatuaje horrible". Esto me viene mucho a la mente. Rojo, rojo... No era un tatuaje. Estaba todo quemado.

[MBL]

C: Ahora me vino... Estaba pensando... Soy humana. Porque creo que es difícil para cualquiera. Y, de repente, uno busca fuerzas de cualquier lado, para poder intentar ayudar de alguna forma a aquellas familias. Yo... no me pude quedar más... No aguanté más... aquella parte con los muertos. Dije: "Yo no puedo más". Uno tiene sus propios límites. Entonces creo que hice lo que podía hacer. Me quedé en el gimnasio, deambulando, escuchando a la gente, llamando a los psiquiatras, pidiendo medicación para las personas, llevando a las madres al baño. Era lo único que podíamos hacer.

Nuestro papel allá era ese. Fui para casa a las 6 de la tarde. Cuando me fui, tenía las manos rojas por el contacto con los guantes. Ni sabía que era alérgica al látex. Ya en casa, organicé una salida con mis hijos. De ninguna manera podía mostrarles lo triste que estaba. Era demasiado doloroso. A la noche, me derrumbé.

[MBL]

T: Respira hondo. ¿Y ahora?

C: Me siento un poco mejor. Triste aún, pero... por lo menos consigo hablar sin llorar tanto.

T: Entonces dime, volviendo a esa experiencia inicial... Cuando piensas en ello ahora, ¿cuánto te molesta, de cero a diez, donde diez es la máxima perturbación y cero es nada?

C: Consigo visualizarla de una forma más tranquila, pero... quizá dos.

T: ¿Qué es ese dos?

C: Es ese cuerpo; no consigo sacarlo de mi mente. Aquel cuerpo quemado... Murió asfixiado... Todas las mujeres estaban tapadas con frazadas, pero este muchacho, no... Más tarde vimos su imagen en el noticiero. Me llamó mucho la atención, porque tenía ampollas por todo el cuerpo. Yo solo podía pensar: "Por favor, ¡que alguien lo tape!".

T: Vamos con eso.

[MBL]

T: Y ahora, cuando piensas en esa experiencia, ¿cuál es el número, de cero a diez, donde diez es el máximo y cero es nada de perturbación?

C: Creo que nada. Ya lo puedo mirar. Ya consigo ver y mantener la claridad. Dentro de mis posibilidades, hice lo que pude.

T: De cero a diez, ¿cuánto es ahora?

C: ¿Máximo?

T: Diez es el máximo y cero es nada.

C: Cero.

T: Ahora, cuando piensas en esa experiencia difícil, en toda esa historia… Has dicho las palabras "Soy capaz", pero también dijiste: "Hice lo mejor que pude". Dijiste: "Soy humana", que cada uno hizo el mejor que pudo, y por tanto, "Yo hice el mejor que pude". ¿Cuál de esas expresiones crees que es la mejor para describir en términos adecuados tu actual percepción de lo ocurrido?

C: "Hice lo mejor que pude".

T: Y cuando piensas en las palabras "Hice lo mejor que pude" y piensas en aquella experiencia, en una escala de uno a siete, donde siete es completamente verdadero, y uno es completamente falso, ¿cuán verdaderas sientes que son las palabras "Hice lo mejor que pude" con relación a lo ocurrido, ahora?

C: Cinco.

T: Quiero que pienses una vez más en el vídeo. Piensa en las palabras "Hice lo mejor que pude" y sigue los movimientos.

[MBL]

T: ¿Y ahora?

C: Bueno, en esas condiciones… yo también tengo mis limitaciones. Y realmente fue todo lo que yo podía dar. Yo no tenía más... Por eso es que busqué fortalecerme. Nadie está listo para las tragedias, ¿cierto?

T: Es cierto.

C: En ese momento, eso era lo que yo podía hacer. Darles apoyo, un abrazo, consuelo, acompañarlos al baño, tenerles la mano. Había mucha solidaridad… mucha. Realmente creo que hice todo lo que pude.

T: De uno a siete, donde siete es completamente verdadero y uno es falso, ¿cuán verdaderas sientes que son las palabras "Hice lo mejor que pude", ahora, con relación al incidente?

C: Siete.

T: ¿Vamos a fortalecerlo un poquito más? Piensa en esa experiencia difícil, piensa en las palabras "Hice lo mejor que pude" y pasa el vídeo una vez más.

[MBL]

T: Respira hondo. ¿Y ahora?

C: Mejor. Pienso otra vez en ese lugar y en todo lo que hice... y en todo lo que se dio. Todos dieron. Por poco que fuera, cada uno dio algo. Y pienso qué importante debe haber sido eso que dimos para esas familias en aquel momento, a pesar de tanto dolor.

T: Ahora quiero que cierres los ojos un momentito, piensa en esa experiencia difícil, piensa en las palabras "Hice lo mejor que pude", y fíjate si tienes alguna perturbación en tu cuerpo. [Sonia cierra los ojos y escanea su cuerpo.]

C: No. Antes sentía una opresión en el pecho, pero ya no.

T: Bueno, como ya sabes, después de la sesión, es común que el reprocesamiento continúe. Entonces, si continúa, si tienes aquellos recuerdos, sueños, pensamientos, todo eso es normal. Hemos desarrollado el protocolo para eventos recientes, que es lo que queríamos hacer en este caso. Es obvio que esta sesión no eliminará por completo toda la tristeza de esa experiencia. Vas a continuar elaborando ese luto, esa pérdida... Realmente han sido escenas muy fuertes... Pero espero que al menos cuando pienses en aquello no te haga tanto daño como al inicio de esa sesión. ¿Qué te parece?

C: Me parece bien.

T: Piensa en la situación una vez más y fíjate cómo estás ahora. [Pausa.] ¿Te encuentras bien?

C: Estoy bien.

T: Quiero agradecerte también por tu generosidad en compartir esta experiencia con nosotros. Espero que de alguna forma esto también pueda ayudar a esas personas que perdieron tanto. Con el tiempo, es posible que puedas volver allá si así lo deseas y ayudar a tratar a los sobrevivientes y sus familiares.

C: Yo soy la que tiene que agradecerte.

T: Creo que podrás aportar más cuando te sientas mejor. ¿Está bien?

C: Muy bien.

Segunda sesión

Como Sonia estaba participando en el curso de formación en terapia EMDR, aprovechamos para ver cómo estaba al día siguiente. Grabamos una breve sesión de seguimiento.

T: ¿Cómo estás hoy? ¿Cómo están las cosas?

C: Estoy muy bien, estoy tranquila. Dormí maravillosamente bien. Hacía mucho tiempo que no dormía bien... Me despertaba durante la noche, por diversas razones. Pero dormí muy bien. No tuve pesadillas. Hasta recordé algunas escenas, pero de una forma muy tranquila, realmente muy tranquila. Yo me siento bien... Lo único que tengo es un dolor en los hombros. Siento un dolor hoy, en los hombros, muy fuerte. Me los he masajeado para ver si se pasa. Yo lo asocio con el estar más relajada... Pero me estoy sintiendo mucho mejor.

T: Tu aspecto es completamente diferente. Parece que hubieras rejuvenecido por lo menos unos diez años. ¡Mira, es impresionante la diferencia! Cuando piensas en ese dolor en los hombros ahora, en una escala de cero a diez, siendo diez la máxima perturbación y cero ninguna, ¿cuánto te molesta ahora?

C: Ah, creo que alrededor de un cuatro.

T: ¿Qué te parece hacer unos pocos movimientos, solo para ver si logramos resolver esto? No tenemos mucho tiempo, pero podemos intentar. Entonces, concéntrate en ese dolor, en esa perturbación en tu cuerpo, y sigue los movimientos.

T: [MBL] Respira hondo.

C: Está mejor. Siento un hormigueo, pero una cosa más ligera... más tranquila.

T: ¿De cero a diez?

C: Aún está en dos.

T: ¿Podemos seguir? [MBL] Respira hondo.

C: Realmente tranquilo. ¡Wow!

T: ¿De cero a diez?

C: Cero. Tranquilo. Tranquilo...

T: Una vez más, piensa en las escenas que trabajamos ayer, en aquella experiencia. ¿Cómo está ahora?

C: Bien tranquilo. No hay creencia negativa; solo positiva. Sé que hice lo que podía hacer. Para que se dé una idea: anoche me encontré con mi sobrino y otros familiares que viven en el exterior y ellos querían saber sobre lo que había pasado en el incendio. Logré contarles sin aquel sufrimiento, sin aquel llanto que por la tarde tuve aquí. Claro que siento tristeza, esa conmoción... Eso va a llevar más tiempo de trabajo.

T: Eso es normal...

C: Normal... dentro de lo normal, pero de una forma muy tranquila. Logré conversar, logré contarles las cosas. ¡Porque antes era solo empezar a hablar y listo! ¡No lo podía hacer! Ahora estoy bien tranquila. Estoy realmente muy bien.

T: Entonces, Sonia, una vez más yo quería agradecerte por tu generosidad al haber compartido esto con nosotros. Realmente, creo que la diferencia de ayer a hoy es algo muy grande; es visible y bastante significativa. El reprocesamiento puede seguir después de la sesión; eso ya lo sabes. Aun en los próximos días es posible que aparezcan otras cosas, pero recuerda también que los logros terapéuticos son irreversibles. Sabemos que lo que lograste hasta aquí, lo vas a poder guardar y retener.

C: ¡Seguro! ¡Muchas, muchas gracias!

Sesión de seguimiento

Dos meses después, Sonia volvió para concluir su formación en terapia EMDR. Aprovechamos para sondearla y ver cómo había pasado los meses después de la sesión inicial de terapia EMDR.

T: Sonia, cuéntanos un poquito cómo estás, cómo están las cosas. ¿Hace cuánto tiempo hicimos aquella sesión?

C: Dos meses.

T: Dos meses. Cuando piensas en todo aquello que trabajamos en aquella primera sesión, ¿cómo está ahora?

C: Está todo bien tranquilo. Salí de aquí muy bien, muy bien. Todos los días, en la ciudad me enfrento a situaciones que me recuerdan la tragedia. Entonces no es algo de lo que uno se pueda olvidar. La semana pasada, una persona falleció [a consecuencia de las heridas sufridas durante el incendio]. Los familiares se han estado organizando. La ciudad sigue de duelo.

No tengo palabras para agradecerte, de lo más profundo de mi corazón. El bien que me hiciste es enorme. Salí de aquella sesión el sábado... Bueno, esa noche logré verbalizar, contar todo lo que había pasado. Logro mirar la escena y pensar en el incidente. Recuerdo todo lo que pasó... Claro, la tristeza es normal, pero de una forma tranquila. Yo sé, estoy segura que hice lo que pude con los recursos que tenía. Un mes después, empecé a atender a una sobreviviente de la tragedia.

T: ¿Pudiste hacerlo?

C: ¡Seguro! Y salió muy bien. Lo pude hacer. Ella ya está saliendo de su casa, que es algo que no podía hacer antes. Hasta ha ido a un nightclub. Entonces, para ella... y para mí, tener esa devolución de una paciente ¡está súper bien! Ahora comencé a atender también a una persona que perdió dos amigas. En este caso, el sentimiento de culpa es más grande que la sensación de haber sobrevivido, porque iban a ir juntas y al final ella no fue. "La podría haber salvado...". Y la verdad es que no, no la podría haber salvado. Pero estoy muy bien. El abordaje EMDR es fantástico.

T: ¿Estás usando la terapia EMDR con ellas?

C: Sí.

T: ¿Y te está yendo bien?

C: Está yendo súper bien. Y la familia me lo agradece. "¡Mire lo que está haciendo!" Las personas me preguntan: "¿Qué hizo para que ella cambiara tanto?" Es la técnica, el abordaje que estamos usando. Me siento bien y segura, y estoy logrando transmitírselo a ellas.

T: Era eso lo que debía pasar: que estuvieses lo suficientemente bien como para poder elegir si atenderlos o no. Lo primero era que estuvieses mejor. A veces las personas no se dan cuenta de que asistir a una tragedia u oír sobre lo que pasó, o ver la secuela de la tragedia también es muy traumatizante. Entonces, aun cuando no hayas pasado por el incendio en sí, lo que viste fue muy abrumador, como lo fue para muchos de los médicos, enfermeros, y personal de apoyo, y mucha otra gente en la ciudad. Es una ciudad relativamente pequeña, donde las personas se conocen. Fue un número muy alto de muertes precoces, ocurridas de una forma tan trágica. El hecho de que ya estés logrando escuchar esas historias directamente de las personas involucradas es muy significativo. De cierta forma, pudimos restaurarte la habilidad de ayudar a los demás.

C: Seguro. Seguro. Y hay muchas historias. Conversé con la madre de un joven que perdió dieciséis colegas en el incendio. Le dije que quizás ella lo podría traer a la terapia. Estuvo de acuerdo. Es porque yo atendí a su sobrina, y ella me había preguntado: "¿Qué hizo con ella? ¡Fue fantástico! Los padres quieren venir aquí para agradecerle". "¿Por qué no traes a tu hijo?" Pero la gente se resiste un poquito a lo que no conoce. Pero están viendo a las personas que están siendo atendidas y los resultados que obtienen. Este muchacho también va a venir. Estoy muy feliz, muy contenta.

T: Me alegro mucho, realmente. Quiero una vez más agradecerte. A pesar de que fue apenas una sesión, pudimos ver qué hacía falta hacer para arreglar este trauma específico. Ahora tenemos una persona más en Santa María que puede ayudar a las demás personas a salir de esa tragedia también. ¡Eso es muy lindo!

C: Yo soy la que tiene que agradecer la oportunidad que tuve de hacer este reprocesamiento.

T: ¡Qué bueno!

C: Una cosa más que me parece súper importante es que todos los que nos estamos formando (en EMDR) debemos hacer el reprocesamiento para entender su importancia y los cambios que produce. Es fantástico. Porque uno puede transferirlo a sus pacientes.

T: Sí, es verdad, porque creemos que funciona. Creo que lo que estás diciendo es importante: quien ayude a las personas también necesita ser tratado.

C: ¡Seguro!

T: No es solo los sobrevivientes: la persona que trata a otra, que ayuda a otra, también lo necesita.

C: Sí. ¡Seguro!

Varios años después, volví a entrar en contacto con Sonia, y los logros de aquella sesión se habían mantenido. Continúa ayudando a las personas que estuvieron involucradas en la tragedia, tratándolas con la terapia EMDR que aprendió en el curso de formación, y que tanto le ayudó a reprocesar la experiencia terrible que ella también había pasado.

Es importante recordar que quien trata también sufre. Quien trata también necesita de auxilio. El trauma vicariante también es trauma y deja secuelas si no es tratado adecuadamente.

Mala cara

Las personas tienden a creer que solo los traumas grandes y pesados estorban en la vida. Pero una de las cosas que ha quedado cada vez más claro con la terapia EMDR es que aun las situaciones aparentemente banales pueden dejar sus huellas. A continuación, vamos a ver cómo las dificultades en el presente están vinculadas con experiencias infantiles crónicas, que aparentemente no tenían mayor importancia. Lo que estamos viendo es que aun las experiencias adversas que pueden considerarse como *"light"* pueden causar problemas en la vida adulta. Quizás sea esta una de las razones por las cuales la mayoría de las personas podrían beneficiarse de la terapia EMDR.

Al comienzo de esa sesión presentamos las instrucciones iniciales que se usan con los pacientes al empezar la terapia, y las aclaraciones introductorias a la terapia EMDR. Luego, se describe cómo probamos los distintos movimientos, para averiguar cuáles prefieren y cuáles deberán ser eliminados de la lista de herramientas. También se destaca la metáfora escogida, para el caso en que se presente la necesidad de introducir un distanciamiento durante el reprocesamiento.

T: Entonces, Selma, ¿empezamos?

C: ¡Adelante!

T: Cuando ocurre un trauma, parece que puede quedarse bloqueado en el sistema nervioso, junto con la imagen original de aquello que lo causó, los pensamientos, y las emociones también. Este contenido puede combinar realidad con fantasía, además de imágenes que simbolizan un momento actual o un sentimiento que tenemos al respecto. Los movimientos oculares u otros movimientos bilaterales que utilizamos en EMDR parecen desbloquear el sistema nervioso, permitiendo al cerebro procesar la experiencia. Esto también puede ocurrir durante el sueño REM (*Rapid Eye Movement*, movimientos rápidos oculares), en el que los movimientos oculares ayudan a procesar el material no consciente. Es importante recordar que es tu cerebro que se va a encargar de realizar la curación y eres tú quien puede controlar el proceso.

Vamos a observar lo que vas a estar experimentando. Necesito que durante el proceso me digas de vez en cuando lo que te está ocurriendo. A veces, las cosas van a cambiar y a veces, no. Voy a preguntar cómo te sientes en una escala de cero a diez, donde diez es la máxima perturbación que puedes imaginar y cero es ninguna. Algunas veces va a haber cambios y otras veces, no. Quizá yo te pregunte si surgió alguna otra cosa; a veces, puede surgir y a veces, no. No existe un "manera correcta" de hacer esto. Por lo tanto, contesta de la manera más precisa posible acerca de lo que te está pasando, sin juzgar si debería estar ocurriendo así o no. Deja que pase lo que tenga que pasar, porque tu cerebro sabe el camino. Vamos a hacer los movimientos por un tiempo y después conversamos sobre lo que está pasando.

Si en algún momento quieres que yo pare, debes hacer esta señal con la mano. [La terapeuta levanta la mano para ilustrar.] Levanta la mano para que yo pueda ver que entendiste. [La cliente levanta la mano.] Perfecto. Si estuvieras trabajando con los ojos cerrados y abres los ojos, también voy a entender que eso es una señal de que quieres parar. ¿De acuerdo?

Voy a reacomodar nuestras sillas para poder probar algunos movimientos bilaterales. Vamos a ver cuáles son los que funcionan mejor para ti. Acompaña mis dedos y dime cuál es la distancia con relación a tus ojos con la que te encuentras más cómoda. [La terapeuta levanta los dedos de la mano a unos 60-70 cm de distancia del rostro de la cliente.]

C: Más cerca.

T: OK. Voy a aproximarlos despacio.

C: Así está bien. [La cliente indica detenerse a unos 50 cm de su rostro.]

T: ¿Está bien aquí?

C: [Asiente.]

T: Voy a mover mi silla un poquito más cerca de ti, para reacomodarme y poder hacer los movimientos sin cansarme. [La terapeuta coloca la silla más cerca de la cliente, para quedar sentada al lado, y no al frente de ella.]

T: Vamos a probar el movimiento horizontal. [La terapeuta hace el movimiento horizontal.] ¿Qué tal?

C: Bien.

T: Vamos a probar el diagonal. [La terapeuta hace el movimiento diagonal.]

C: No. No me gustó.

T: Vamos a probar la otra diagonal, porque a veces, a las personas les gusta un movimiento y no les gusta el otro. [La terapeuta hace el movimiento sobre la otra diagonal.]

C: Tampoco.

T: Vamos a probar el auditivo. [La terapeuta prueba los movimientos auditivos.]

C: No.

T: Vamos al táctil. Por favor, pon tus manos sobre tus piernas. ¿Puedo tocarlas?

C: Sí. [La terapeuta prueba movimientos bilaterales en las manos de la cliente.] Bien.

T: ¿Puedo probar en las rodillas? [La terapeuta prueba movimientos bilaterales en las rodillas de la cliente.]

C: Mejor que en las manos.

T: OK. De vez en cuando una metáfora nos ayuda a crear una sensación de distancia entre uno mismo y la experiencia dolorosa. Por ejemplo, puedes imaginar que estás viajando en un tren y por la ventana observas tus movimientos, tus pensamientos, tus imágenes sensoriales, tus sentimientos, tus emociones y hasta tus sensaciones corporales como si fuesen paisajes que van pasando; o puedes imaginar que estás asistiendo a la experiencia como si fuese una película en la televisión o en el cine. ¿Cuál de esas metáforas prefieres?

C: La del cine.

T: ¿Ya tienes un lugar tranquilo construido?

C: Lo tengo.

T: ¿Podrías describirme cómo es?

C: Sí. Es una azotea de un edificio en Nueva York, que es un jardín. Tiene un banco, flores, bastante verde y tiene sol. Sopla una brisa ligera y allá debajo está la ciudad ruidosa.

T: ¿Y cuál es la palabra que has asociado con el lugar y que te ayuda a traer la imagen a tu mente de forma presente?

C: Es "tranquilidad".

T: Tranquilidad. [La terapeuta toma nota.] Entonces, me gustaría que cerrases los ojos solo un ratito y fueses a este lugar tranquilo.

C: [La cliente cierra los ojos.] Sí.

T: ¿Lo sientes como bien presente?

C: Sí.

T: Entonces, podemos seguir. ¿Cuál es el tema que te gustaría trabajar hoy?

C: Me produce malestar cuando alguien me mira con mala cara. Perdí mi padre hace cinco años y como consecuencia, los hijos heredamos la empresa y la tuvimos que manejar. Tengo una hermana que es muy parecida a mi padre; es más, es su viva imagen. Tiene la misma mirada, y esto siempre me ha molestado mucho. Tengo un recuerdo de pequeña: quemé el televisor de la casa y mi padre dejó de hablarme durante un largo tiempo.

Tengo dos recuerdos, con la misma escena: mi abuela porque quemé la aspiradora, y mi padre porque quemé la televisión.

T: Entonces, ¿estás recordando la escena de tu padre?

C: Sí. Fuimos a la hacienda en un fin de semana. Había más personas allí y él se negaba a hablarme. Conversaba con todas las otras personas y me ignoraba a mí. De la manera en que yo lo recuerdo en mi cabeza, él compró un regalo para alguien que cumplía años. Era una batidora de juguete, una cosa que yo quería mucho. Pues él la compró para alguien, para mi prima, su ahijada. Recuerdo que me hizo sentir muy mal. Y mi hermana, cuando tenemos reuniones en la empresa, pone la misma cara que mi padre.

Me dan ganas de levantarme e irme. Ya no quiero más eso. Me enoja. Llega a provocarme una sensación física, una opresión en el pecho, y me molesta.

T: ¿Qué te parece si empezamos por trabajar con la imagen más antigua que trajiste, la de la historia de tu padre?

C: Puede ser.

T: Si pudieses describirme una escena, una foto de esa imagen, de la parte más difícil de cuando eras niña, ¿cuál sería?

C: En la cocina de esa casa de la hacienda. Había varias personas. Había una fiesta de familia aquel fin de semana. Yo estaba en la cocina cuando él entró. Él conversó con alguien que estaba ahí, y ni siquiera me miró a mí. Y se fue. Yo me sentí muy mal.

T: Y cuando piensas en esa escena, en esa experiencia difícil, ¿qué piensas con respecto a ti misma que sea negativo?

C: Creo que es: "Hice algo malo". Yo soy... algo como... "Yo no soy demasiado importante".

T: "Yo no soy importante".

C: Sí.

T: ¿Podemos usar esa expresión?

C: Podemos... Creo que hay otra mejor: "Soy desechable".

T: OK.

C: Creo que es mejor.

T: Y cuando piensas en la escena de esa experiencia difícil, ¿qué te gustaría pensar al respecto ahora, que fuese positivo?

C: Que yo no soy desechable; que soy importante.

T: ¿"Soy importante", podría ser?

C: Puede.

T: Entonces, cuando observas la escena de esa experiencia, ¿cuán verdaderas sientes que son estas palabras positivas, "Soy importante", en una escala de uno a siete, donde siete es completamente verdadero y uno es completamente falso?

C: ¿Pensando en esa escena?

T: Pensando en esta escena y en las palabras "Soy importante".

C: Uno.

T: ¿Totalmente falso?

C: Sí.

T: Cuando traes esta experiencia a tu mente ahora, junto con las palabras negativas "Soy desechable", ¿cuáles son las emociones que aparecen ahora?

C: Una opresión en el pecho.

T: Eso es más la sensación física.

C: Quieres una emoción.

T: Sí, estoy buscando la emoción.

C: Angustia. Es una sensación... como una ansiedad.

T: ¿Ansiedad?

C: Sí.

T: OK. En una escala de cero a diez, donde diez es la máxima perturbación que puedes imaginar y cero es ninguna, cuando piensas en esa imagen, en esa experiencia difícil que acabas de describirme, ¿cuánta perturbación sientes ahora?

C: Como un siete.

T: OK. Dijiste que es como un malestar en el pecho.

C: Aquí. [Lleva la mano a la región del pecho.] El corazón me late más fuerte. El corazón está acelerado.

T: Entonces, vamos a empezar el trabajo de la desensibilización. Ya sabes cómo funciona. Puedes parar en cualquier momento con la señal de pare. Vuelve a pensar en aquella experiencia difícil, piensa en las palabras negativas "Soy desechable", localiza eso en tu cuerpo y sigue mis dedos. [MBL] Respira hondo; exhala. ¿Qué ves ahora?

C: Sigo viendo la escena. Había mucho movimiento en la cocina, la gente conversaba y yo estaba allí.

T: Vamos con eso. [MBL] Respira hondo.

C: La escena aún es en la cocina. Mi padre entra, y conversa con las personas. Yo me quedo mirando y es como si no fuese percibida. Surgen otras escenas mezcladas, relacionadas con otras cosas que viví... Cuando me dieron dos puntos en la pierna, porque me trepé al armario. Cuando fui a bajar, el tirador se me clavó en la pierna. Tuve miedo... de que mis padres llegasen y que todo esto les resultara molesto, todo este tumulto. Me llevaron al hospital, pero me dijeron: "Tú no puedes llorar porque esto fue culpa tuya. Si no te hubieses subido a la alacena, nada de esto habría pasado".

T: Vamos con eso. [MBL] Respira hondo.

C: Me vino otra escena de mi padre en mi casa, en la casa en que vivíamos. Era siempre muy serio, siempre tenía un gesto muy adusto. Sabíamos que era él porque reconocíamos su caminar. El piso del pasillo era de madera, y él tenía un montón de llaves. Entonces, cuando él caminaba uno sabía que estaba pasando. Cuando era hora de ir al colegio, y era él quien nos iba a llevar, teníamos que subir al coche muy rápido; si no, se enojaba. Mi madre era muy tranquila, quizás demasiado. La recuerdo diciéndome que tenía que portarme bien, porque papá iba a llegar y si no le gustaba lo que pasaba en la casa, quizás no querría quedarse allí.

T: Vamos con eso. [MBL] Respira hondo.

C: Surgieron varias escenas de mi madre siempre diciéndonos que teníamos que portarnos bien, ser buenos y no pelear. Mi padre viajaba mucho y si cuando él llegaba a casa nos estábamos peleando, no iba a querer quedarse en casa. Recuerdo siempre que yo anhelaba poder irme de la casa, tener mis cosas y vivir en otra parte.

También surgió otra escena de una pelea que ellos tuvieron ya hace muchos años. Yo era pequeña y recuerdo haber escuchado detrás de la puerta. Fue una pelea que los dos tuvieron en la cocina otra vez, pero era otra cocina. Recuerdo que mi madre estaba hirviendo la leche, creo que era para prepararle el biberón a mi hermana menor. Discutían porque mi padre había recibido una carta anónima que decía que mi madre estaba teniendo una aventura amorosa con alguien. Peleaban mucho y yo escuchaba, detrás de la puerta.

T: Vamos con eso. [MBL] Respira hondo.

C: Me vienen varias escenas de mi padre. Tuvo esa pelea con ella... Hubo un problema en el colegio donde enseñaba mi madre, cuando hubo un cambio de directora. Los esposos de varias maestras recibieron cartas de ese tipo. Él pasó meses sin hablarle a ella en la casa. En realidad, creo que él no le hablaba a nadie. Recuerdo oírla a mi madre llorando en el cuarto algunas veces; hubo otras discusiones y él no decía nada. Mi padre pasaba meses así, aislado, sin hablar con nadie. Andaba encerrado en sí mismo y de mala cara. El clima en casa se puso muy pesado. Recordé también hechos como cuando llegábamos a casa por la noche de alguna fiesta, y entrábamos en puntas de pie. Bastaba pasar frente a su cuarto para que él abriera la puerta. Nos estaba esperando, siempre con esa mirada de quien dice: "Siempre las últimas en llegar a casa".

T: Vamos con eso. [MBL] Respira.

C: Me vienen escenas de las comidas en la mesa en las que uno tenía que quedarse allí. Normalmente en la mesa había peleas. Somos cuatro hermanos, pero no se podía decir nada cuando él estaba presente. Teníamos que quedarnos muy callados, porque era la hora a la que él hablaba por teléfono con gente de la bolsa de Chicago. Trabajaba en la bolsa de compra y venta de acciones. Era la hora del almuerzo en Brasil. Así que ni siquiera podíamos hablar. A la hora de la cena, teníamos que estar callados porque veía el noticiero en la televisión. En fin, teníamos que respetar las reglas impuestas por él. Como él viajaba mucho, cuando estaba en casa las cosas se hacían de una manera; cuando él no estaba en casa, se hacían de otra. Pero él siempre de mal humor y con la cara adusta.

T: Entiendo. Vamos con eso. [MBL] Respira.

C: Me viene una escena: nosotros todos sentados a una mesa en la cocina, y él comiendo y absorto en sus propios pensamientos. Silencio, todos callados. Había que pensar dos veces antes de hablar, para no empeorar la situación, o para que él no se pusiese de mal humor. Dependiendo de lo que dijésemos, se podía desencadenar algo malo.

T: En esta escena, ¿cuál es el problema?

C: Su mala cara.

T: ¿Mala cara?

C: Sí.

T: Volvamos a la experiencia original con la cual comenzamos. En una escala de cero a diez, donde diez es el máximo de perturbación que puedas imaginar y cero es ninguna, ¿cuánto te molesta ahora, cuando piensas en aquello?

C: Siete todavía.

T: ¿Qué hay en esa escena que te enoja tanto?

C: La indiferencia.

T: Bien. Vamos con eso. [MBL]

C: Creo que la cosa que más me molestaba en esas escenas, y la de mi abuela también, es que las personas percibiesen que él no hablaba conmigo.

T: ¿Es eso? Vamos con eso. [MBL]

C: Y eso me hacía sentir muy mal, como si se me estuviera excluyendo del proceso.

T: Entiendo. [MBL]

C: Me quedé pensando... ¡Quizás simplemente fueran personas muy malhumoradas! [Risas.]

T: ¡Así parece!

C: Y que yo era demasiado pequeña para entenderlo. Parecía que era un problema conmigo.

T: Sí. Vamos con eso. [MBL]

C: Parece como si eso me paralizase. Ese tipo de actitud todavía hoy me paraliza y no me puedo mover. Pero pensé: "Podría haber salido de aquel lugar; podía haber ido a jugar".

T: Piensa en eso. [MBL] Respira.

C: Entonces, necesito salir a jugar, pero no puedo hacerlo.

T: ¿Qué te lo impide?

C: Es como...

T: ¿Sí?

C: La sensación que tengo es de estar entre irme y quedarme... ¿Por qué no pregunto si hice algo malo?

T: Sí.

C: Pero ahí pienso que yo era demasiado pequeña para preguntar eso.

T: Es cierto. [MBL]

C: Creo que me preocupaba por él y por mi madre... la mala cara de él. Si lo molestábamos y se fuera de casa, la culpa sería nuestra. Ahí recordé una pelea en la playa. Tenía unos 15 o 16 años. No recuerdo el motivo de la pelea, pero mi madre entró al baño conmigo y me dijo que no podía separarse de mi padre, porque su sueldo no alcanzaba para mantenernos. ¡Pero ella hablaba como si él no fuese a ayudarnos! Era lo que ella decía. Esta es una racionalización que hice después, pero lo recuerdo siempre como una amenaza, de alguna manera.

T: Una amenaza...

C: Pero más fuerte es mi sensación de que eso realmente pasaría. Y al final, ellos nunca se separaron. Pero él siempre estaba de mal humor y yo, con mi preocupación sobre cómo estaban las cosas.

T: ¿Parece que realmente había muchas cosas que percibías como amenazantes, no?

C: Es cierto, pero nada que fuera real; no había nada concreto...

T: Pero si tu madre te decía: "Yo no me puedo separar de tu padre", parece que hay una amenaza ahí, de que ellos podrían separarse si tú no te portabas bien.

C: Sí. Sí. Eso es.

T: Vamos con eso. [MBL]

C: [Levanta la mano en señal de pare.] Esto es lo que surge: para mí una mala cara significa "Algo malo puede pasar". Si hay cara buena, está todo bien.

T: Vamos con eso. [MBL]

C: Surgió otra cosa: para mí, la mala cara significa que las cosas no están bien, y él se puede ir. Y después pensé: "Y si se va, ¿qué podría pasar?".

T: ¿Qué podría pasar? [MBL] Respira hondo.

C: Me bloqueé.

T: Entonces, vamos a volver a la experiencia original, aquella con la cual empezamos. Ahora cuando piensas en aquello, en una escala de cero a diez, donde diez es la máxima perturbación que puedas imaginar y cero es ninguna, ¿cuánto te molesta ahora?

C: Alrededor de un cinco.

T: ¿Qué es ese cinco?

C: Ahora veo la escena así: él entra, conversa con las personas. Yo estoy presente, pero ya no me siento así... Parece que no es tan personal.

T: ¿No se trata de mí?

C: Sí. Eso es.

T: Vamos con eso. [MBL] Respira hondo.

C: Es cosa de él. Ahora cuando miro esa escena, veo a los adultos conversando, pero no me siento tan excluida, como si no tuviese que estar allí. Aquel no era lugar para un niño. Yo debería haber estado afuera jugando. Los otros niños estaban allá afuera, y yo me había quedado escuchando.

T: [MBL]

C: Veo algo así: quizás no tenía nada que ver con la televisión. Quizás él estuviese enojado aquel día por otras cosas y yo hice la conexión de que siempre estaba enojado conmigo.

T: Parece que él vivía de mal humor, ¿cierto?

C: Cierto. Exacto, parece que esta era solo una cosa más.

T: Una cosa más. Vamos con eso. [MBL]

C: Él era realmente malhumorado. Así que, dejémoslo solo que yo me voy afuera a jugar. Este no es un problema mío.

T: [MBL]

C: Me veo jugando afuera. Pero ahí me vino una imagen así: me pregunto si mi madre me decía que él estaba molesto conmigo. Quizás era ella quien decía eso... No era él; era ella.

T: Volvamos a la experiencia original. Ahora cuando piensas en aquello, ¿cuánto te molesta de cero a diez?

C: Ah, uno.

T: ¿Qué es este uno?

C: Es una duda... para no decir cero. No sé. ¡Parece muy rápido para haber bajado tanto!

T: Rastrea tu duda entonces. [MBL]

C: Sí, me veo fuera de aquel lugar, fuera de la cocina. Estoy allá afuera. Ya no me molesta.

T: "No me molesta", ¿de cero a diez, significa cero?

C: Sí. Eso es.

T: Las palabras "Soy importante", ¿aún son válidas para esa escena o hay otras palabras que preferirías?

C: Creo que sí, son válidas.

T: Entonces, pensando en esa experiencia inicial y en las palabras "Soy importante", en una escala de uno a siete, donde siete es completamente verdadero y uno es completamente falso, ¿cuán verdaderas sientes que son esas palabras positivas ahora?

C: Quizá no sea "Soy importante".

T: Entiendo. ¿Qué sería entonces?

C: Quizá sea algo como "Puedo cuidar de mi vida y jugar"..., "Puedo cuidar de mi vida". No en cuanto a la importancia, pero en el sentido de que me puedo despreocupar.

T: ¿Cuál es mejor: "Puedo cuidar de mi vida" o "Puedo despreocuparme?

C: Pensando en la escena, "Puedo despreocuparme". No se trata de mí.

T: Así es. No se trata de ti.

C: Exacto.

T: Entonces, cuando piensas en esas palabras, "Puedo despreocuparme", en una escala de uno a siete, donde siete es completamente verdadero y uno es completamente falso, ¿cuán verdaderas sientes que son esas palabras ahora?

C: Siete.

T: Piensa en la experiencia inicial, piensa en las palabras "Puedo despreocuparme", y sigue mis dedos. [MBL] Respira.

C: Siete.

T: ¿Siete?

C: Sí. Está bueno. [Risas.]

T: Cierra los ojos un ratito y concéntrate en esa experiencia difícil que acabamos de trabajar y en las palabras positivas "Puedo despreocuparme", y examina todo tu cuerpo, y dime si sientes alguna molestia, alguna perturbación.

C: No. Está todo tranquilo.

T: Todo tranquilo. Este reprocesamiento que hicimos hoy puede continuar después de terminada la sesión. Es posible que durante el resto del día o de la semana tengas otros *insights*, otros pensamientos. Pueden surgir otros recuerdos, o puedes tener sueños con relación a estos temas. Si eso pasa, simplemente toma nota de lo que estás experimentando. Hiciste un proceso muy bueno. Está muy bien "cerrado", pero si acaso surge algo, quiero que me llames. Creo que no va a pasar nada demás, pero siempre me gusta dejar abierta esa posibilidad. Toma nota y la próxima vez vamos trabajando las cosas que van surgiendo.

C: Está bien.

T: Muy bien. Hasta la próxima.

Fobia a los ratones

Quizás las fobias o los miedos aparentemente irracionales son algunos de los problemas que más abruman a las personas. Hay una gran variedad de miedos: al ascensor, al avión, a las escaleras mecánicas, a la altura, a salir de casa, a los lugares cerrados, a los animales... La lista es larga. Lo que tienen en común es el aspecto limitante. Hay muchas cosas que la persona no consigue hacer por más que quiera o se esfuerce. Aun cuando finalmente consigue superar el miedo, es a costa de enorme desgaste y aflicción. La persona hasta consigue subir al avión, pero sufre durante todo el vuelo.

El caso relatado a continuación ejemplifica la situación clásica donde una experiencia anterior causa la fobia. Quizás las personas no se dan cuenta de las consecuencias que hay en insistir en ciertas conductas o someter a los niños a experiencias que les van a causar sufrimiento toda la vida. Una de las cosas que no se entiende bien es que el trauma —especialmente aquel que causa la fobia— no mejora con el tiempo. Al contrario: la tendencia es a desmejorar. La verdad es que no se resuelve sin tratamiento. El tiempo pasa, pero el problema no se va. Y por más que racionalmente se sepa o se explique que el ascensor no es un monstruo, de nada sirve. La parte irracional (y fóbica) allá adentro continúa creyendo que el peligro es inminente. De hecho, uno de los aspectos más característicos de la fobia y de los trastornos de ansiedad en general es la sensación de estar en una situación de peligro. Todas las alarmas internas se disparan y gritan: "¡Peligro! ¡Peligro! ¡Peligro!".

También sucede que las personas desarrollan fobias sin poder recordar la causa originaria. A veces durante la terapia EMDR ese recuerdo es recuperado, a pesar de que la recuperación de recuerdos no es una propuesta terapéutica del EMDR. Pero ocurre con suficiente frecuencia como para alertarnos de que nadie es fóbico sin razón alguna para ello. Algo pasó, aun cuando la persona no lo recuerde.

En algunos casos, cuando realmente no se recuerda la experiencia originaria, se puede sospechar de experiencias intrauterinas, partos difíciles o algo que haya pasado en los primeros meses o años de vida. El niño sólo comienza a tener memoria cognoscitiva a partir de los 24 meses, así que los recuerdos anteriores suelen ser altamente somáticos. El cuerpo recuerda todo, desde la concepción, aun cuando la mente no pueda hacerlo.

Karen es una colega que se ofreció para hacer una sesión grabada. Quería tratar su miedo a los ratones. Comentó que les tenía absoluto pavor. Veamos cómo una sesión de terapia EMDR cambió su vida.

T: Mencionaste que les tienes mucho miedo a los ratones. ¿Cómo te sientes ahora al respecto?

C: ¿Ahora? Es un problema bien antiguo y que me molesta mucho. Cuando iba a la facultad, la situación que más me molestaba era cuando debíamos abrir ratones en clase. Ahí yo la pasaba realmente mal. Entre idas y venidas, llegó un punto que el profesor me amenazó diciendo: "La voy a reprobar". Yo dije "¡No! [Risas nerviosas.] Haré cualquier cosa, pero solo le pido que no me ponga en la misma habitación que los ratones". Ahí él tuvo que tomarme de la mano y ver que realmente yo no podía levantar el ratón.

Esto también ocurría cuando salía a caminar por la playa con mis amigas. Si ellas decían: "Ah, ¡un ratón!", yo me paralizaba. [Risas nerviosas.] Me paralizo y me pasan muchas cosas. Incluso si los veo en la televisión, me siento mal. Mi esposo se mofaba de mí cuando recién comenzábamos a conocernos. Decía: "Ah, ¡Lo estás inventando!", hasta el día que me desmayé. Ahí dijo: "Ah, realmente no lo inventaste". Entonces, si veo un ratón en la televisión, o si oigo que se los menciona, ya me siento realmente mal. Hasta cuando veo una imagen de un ratón, me empiezo a sentir mal.

T: Bueno, ¿recuerdas la primera vez que pasó esto?

C: ¿La primera vez que pasó? Yo solo tengo registro de la escena que creo fue el disparador de todo esto.

T: A ver, ¿cómo fue?

C: Es... nuestra familia, tanto la de mi padre como la de mi madre tiene, o mejor, tenían tierra en el interior. Mi abuelo tenía una granja a la que íbamos a menudo. A la noche mis primos y yo, todo la chiquillería corría por toda la casa, hasta que nos decían que era hora de ir a dormir. Con toda la familia allí reunida, una vez mi padre había ido a pescar con mis tíos. Llegaron tarde a la noche. Ya estaba oscuro y nadie se arriesgaba a salir, no sé muy bien por qué. La casa era de madera, y la gente llegó y todo el mundo estaba entretenido y los niños hacíamos mucho ruido.

De repente, mi tía dijo: "Ah, ¡un ratón! ¡un ratón! ¡Pasó un ratón! ¡Llamen a alguno de los hombres para que haga algo!"

Entonces mi padre, de aquellos italianos fuertes... y como yo soy la hija mayor y debería haber nacido varón, dijo:

"¿Por qué estás corriendo de acá para allá, tan asustada?"

Ahí yo empecé a ponerme tensa.

"Ah, no sé. Hay un ratón". Ni sabía bien lo que era un ratón.

Él dijo: "No puedes tener miedo".

"Ah, pero lo tengo. No puedo tener miedo, pero lo tengo".

"Entonces ven aquí que vas a perder ese miedo hoy".

Mi madre, mi tía y todos los demás dijeron: "¡No hagas eso! ¡No hagas eso!".

"¡Sí, voy a hacerlo!". Creo que él ya había tomado unos vinos. Y estaba decidido.

Los hombres agarraron al ratón, y lo mataron. Mi padre levantó el animal por el rabo, así. [Karen muestra cómo.] Me sentó en su regazo y dijo: "Ahora le vas a perder el miedo al ratón".

"¡¡Ay, ay, ay, ay!!" Empecé a gritar. "Vas a perder el miedo, sí", decía él.

Yo solo quería salir de allí. Mi madre quería sacarme, pero él no se lo permitía.

"Va a quedarse aquí", dijo. Fue todo una confusión.

"Mira, solo voy a ponerlo en tu pierna, para que pierdas el miedo", dijo, y colocó el ratón muerto en mi pierna. Por poco me muero... Eso es lo que sentí. Ah, me tiembla la boca de solo contarlo, ¡hasta hoy! ¡Horrible!

T: De todo esto que me estás contando, ¿cuál es el peor momento?

C: ¿De esa escena? Es cuando él pone el ratón en mi pierna y me doy cuenta de que realmente estaba muerto.

T: Cuando piensas en esa situación, ¿qué piensas acerca de ti misma que sea negativo?

C: ¿Que sea negativo? Volviendo atrás un poquito, cuando él me puso el ratón en la pierna, realmente quería que lo sacase de ahí. Pero tenía que decir que yo no tenía miedo. Cuando dije que no tenía más miedo, entonces él me dijo: "Entonces ya te puedes ir". Solo entonces me pude ir. Me quitó el ratón, y se terminó mi sufrimiento. Entonces para mí son dos cosas: estar de acuerdo con mi padre que me está diciendo que no puedo tener miedo, y la impotencia de no poder hacer nada y tener que ser fuerte.

T: ¿Entonces, se trata de "Tengo que estar de acuerdo o soy impotente"?

C: Creo que es "Soy impotente", porque la cuestión era que él quería hacer que yo tuviera coraje, un coraje que en verdad no sé si debería haber tenido, eh, pero en fin...

T: De esas dos expresiones, cuando piensas en el ratón en tu pierna, ¿cuál de las dos explica mejor lo que piensas?

C: Sentirme impotente.

T: ¿Entonces es "Soy impotente"?

C: "Soy impotente".

T: ¿Qué edad tenías en ese momento?

C: Mire, creo que a lo sumo, ocho años; no tenía más que eso.

T: Entonces, cuando piensas en esa experiencia difícil, ¿cuáles son las palabras que mejor describen lo que te gustaría pensar sobre ti misma ahora, que fuesen positivas?

C: Hoy, "Soy valiente" o "Soy fuerte". O quizás "Puedo ser valiente". Cabe mejor.

T: En una escala de uno a siete, donde siete es completamente verdadero y uno es completamente falso, cuando piensas en esa experiencia difícil, ¿cuán verdaderas sientes que son esas palabras, "Soy valiente", ahora con relación a esa experiencia?

C: Dos. Ah, no, disculpa. ¿El siete es completamente verdadero, o sea que soy valiente?

T: Sí.

C: Ah, entonces es siete.

T: Siete es "Soy valiente" y uno, "No soy valiente".

C: Entonces pienso que diría uno.

T: ¿Uno?

C: Sí.

T: Y cuando piensas en esa experiencia difícil y la recuerdas, ¿cuáles son las emociones que te vienen?

C: [Risas nerviosas.] Todo. [Risas.] Me tiembla la boca, la mano; siento un sudor frío, transpiro, me paralizo totalmente. Me siento así de mal y ni siquiera lo estoy viendo ahora. El ratón está sólo en mi cabeza.

T: Esas son las cosas que sientes en tu cuerpo. Quisiera saber cuáles son las emociones. Emociones son cosas como miedo, vergüenza, ansiedad...

C: Miedo, desesperación, pavor, aflicción.

T: En una escala de cero a diez, donde diez es la máxima perturbación que puedes imaginar en la vida y cero es nada de perturbación...

C: Diez. [Risas.]

T: Entonces, te voy a pedir que retengas en tu mente algunos de tus pensamientos perturbadores, mientras sigues mis movimientos bilaterales. Los voy a hacer durante un tiempo. Después voy a parar y tú me dirás lo que experimentas. A veces, las cosas van a cambiar, y a veces, no. Puede ser que yo te pregunte se surgió algo. A veces van a cambiar algunas cosas, van a surgir cosas nuevas, y a veces, no. No existe una "manera correcta" de hacer esto. Simplemente deja pasar lo que tenga que pasar. Contesta de la manera más precisa posible sobre lo que esté pasando, sin juzgar si debería pasar así o no. Deja que pase lo que tenga que pasar. Voy a hacer algunos movimientos bilaterales y después vamos a hablar sobre lo que está pasando. ¿Tienes alguna pregunta?

C: No.

T: Entonces, quiero que vuelvas a pensar en aquella escena que compartiste recién.

C: ¡Me empieza a temblar la boca! [Risas nerviosas.]

T: Piensa en las palabras "Soy impotente", siente esas cosas en tu cuerpo y sigue mis movimientos. [La terapeuta comienza los movimientos bilaterales.]

T: [MBL] Respira hondo; exhala. ¿Y?

C: ¡Tengo tanto miedo! Es como que todo vuelve.

T: ¿Podemos seguir? Sabes que me puedes pedir que paremos en cualquier momento. Si te sientes muy angustiada por algo y necesitas parar, me avisas. Si puedes aguantar, a veces puede ser mejor, porque así vamos resolviendo temas, ¡pero no te exijas demasiado!

C: Está bien.

T: [MBL] Respira hondo; exhala. ¿Y ahora?

C: Está mejorando.

T: ¿Qué es lo que está mejorando?

C: Ah, la mandíbula no me está temblando tanto.

T: ¿Podemos seguir? [MBL] ¿Y ahora?

C: Estoy más calma.

T: OK. Entonces, volviendo a esa experiencia inicial, cuando piensas en eso, en una escala de cero a diez, donde diez es la máxima perturbación y cero es ninguna, ¿cuánta perturbación sientes ahora, cuando piensas en aquello?

C: Creo que siete.

T: ¿Qué es ese siete?

C: Hay un cierto... una cierta aflicción todavía.

T: Vamos con eso, entonces. [MBL] Respira hondo. ¿Y ahora?

C: Está disminuyendo la intensidad. Siento la aflicción, pero parece que va disminuyendo. La escena parece que va disminuyendo un poco también.

T: ¿Podemos seguir?

C: Sí.

T: [MBL] ¿Y ahora?

C: Mejor. Pienso que está mejor, mucho mejor.

T: Y ahora, en una escala de cero a diez, donde diez es la máxima perturbación y cero ninguna, cuando piensas en esta experiencia que estamos trabajando, ¿cuánto sientes de perturbación ahora?

C: De la perturbación en el cuerpo, ya hay un cierto alivio. Con relación al recuerdo de la escena, aún es cinco.

T: ¿Qué es ese cinco?

C: Es tener que mirar al animal. Sé que no me va a hacer nada, pero es muy malo tener que mirarlo.

T: ¿Podemos seguir? [MBL] Respira, exhala. ¿Y ahora?

C: Es gracioso, la escena se está volviendo borrosa cuando intento recordarla.

T: Vamos un poquito más. [MBL] Respira hondo; exhala. ¿Y ahora?

C: Es una sensación diferente cuando pienso en ello. Hasta me siento más calentita; estoy un poco más caliente. Es más agradable.

T: Y ahora, en una escala de cero a diez, donde diez es la máxima perturbación y cero es nada, ¿cuánta perturbación sientes ahora, cuando piensas en aquello?

C: Creo que tres, quizá.

T: ¿Qué es ese tres?

C: Tres, porque siempre cuando existe cualquier posibilidad de que aparezca un ratón, o de ver una imagen de un ratón, me imagino que habrá una invasión de ratones. Hmmm, qué raro, ahora no logro ni pensar en eso, pero aun así, es algo que me ha acompañado durante mucho tiempo... Esa sensación de verdadera incomodidad.

T: Vamos con eso. [MBL] Respira hondo; exhala. ¿Y ahora?

C: Ahora está mucho, mucho, mucho mejor. [Risas.] Creo que es un uno.

T: ¿Qué es ese uno?

C: Es el animal en sí. [Risas.] Es el aspecto, medio raro y asqueroso, es asqueroso, pero creo que se trata solamente del animal en sí.

T: ¿Podemos seguir? [MBL] Respira. ¿Y ahora?

C: Interesante. [Risas.] Está mucho más agradable, mucho más agradable.

T: Y ahora cuando piensas en aquella experiencia, en una escala de cero a diez, donde diez es el máximo de perturbación y cero es nada, ¿cómo está ahora?

C: Es muy interesante. La imagen ya no está tan clara para mí, como cuando la recordaba antes. Pasó una película muy rápida con todos los momentos importantes donde tuve que discutir y pedir: "Por favor, entienda que tengo miedo, entienda, por favor" y los millones de negociaciones que tuve que hacer. Ya no las necesito. Es como si pudiera decir "Ya no tengo que negociar más".

T: Fíjate en eso. [MBL] Respira. ¿Y ahora?

C: Estoy tranquila.

T: Entonces ahora, cuando vuelves a esa experiencia difícil que estamos trabajando, en una escala de cero a diez, donde diez es la máxima perturbación y cero es ninguna, ¿cuánta perturbación sientes ahora, cuando piensas en aquello?

C: Ahora ninguna.

T: OK. Piensa en ese recuerdo difícil. Cuando comenzamos, dijiste que querías pensar que eres valiente. "Soy valiente". ¿Esas palabras aún son válidas o tienes otras palabras que quieres reforzar, y que sean más apropiadas?

C: Creo que es "Soy valiente".

T: OK. Entonces piensa en esa experiencia difícil; piensa en las palabras "Soy valiente", y en una escala de uno a siete, donde siete es completamente verdadero y uno es completamente falso, ¿cuán verdaderas sientes que son esas palabras "Soy valiente", ahora, cuando piensas en aquello?

C: Alrededor de un seis.

T: ¿Qué es ese seis?

C: Ese seis es un poquito de duda. [Risas.] ¿Podré hacerlo? [Risas.] Mis suegros tienen una casa en el interior y yo siempre voy allá, y siempre estoy en alerta, viendo si hay ratones. ¡Imagine! Todo está súper limpio. No tiene nada que ver, pero yo estoy en alerta. Así que es la duda.

T: Entonces piensa en esa experiencia difícil, piensa en las palabras "Soy valiente", y sigue mis movimientos. [MBL] Respira. ¿Y ahora?

C: Permiso. [Se quita el abrigo.] Tengo mucho calor. [Risas.] Ay, qué cosa fantástica.

T: Entonces ahora, cuando piensas en aquella experiencia inicial y piensas en las palabras "Soy valiente", de uno a siete, donde siete es completamente verdadero y uno es completamente falso, ¿cuán verdaderas sientes que son esas palabras ahora con relación a todo eso?

C: Creo que ahora realmente es siete.

T: ¿Vamos a fortalecerlo para que te lleves a casa un siete poderoso?

C: ¡Sí! ¡Tengo que estar segura! [Risas.]

T: ¿Podemos seguir? [MBL] ¿Y ahora?

C: Ahora, tengo calor.

T: ¿Te descongelaste?

C: Sí, me descongelé, literalmente. Ya no estoy congelada.

T: Entonces, en una escala de uno a siete, donde siete es completamente verdadero y uno completamente falso, cuando piensas en aquella experiencia inicial y piensas en las palabras "Soy valiente", ¿cómo está ahora?

C: Ahora bien fuerte. Un siete.

T: Muy bien, quiero que te concentres en aquella experiencia difícil y que hagas un chequeo de tu cuerpo, pensando en esas palabras positivas, "Soy valiente". Examina todo tu cuerpo y dime si hay alguna perturbación.

C: Solo en mi corazón, pero ahora estoy en la duda si el calor que siento es debido a esto, o si el corazón está un poquito acelerado, ya que normalmente se encontraba aquí en la nuca. [Eleva la mano en dirección a la nuca.]

T: Piensa en eso. [MBL] Respira hondo.

C: Todo bien.

T: Examina tu cuerpo, pensando en aquella experiencia inicial. Piensa en las palabras positivas, "Soy valiente", y fíjate si hay alguna perturbación en tu cuerpo.

C: No.

T: ¿De cero a diez, donde diez es la máxima perturbación y cero es nada?

C: Cero.

T: Antes de cerrar la sesión, quería hacerte una propuesta. [Risas.] Quisiera que te imagines yendo a la finca de tus suegros, para ver cuán valiente te sientes en esa situación. Pasa la película. Imagina que vas allá a la finca, piensa en las palabras "Soy valiente", y fíjate qué pasa. [MBL] Respira hondo.

C: Estoy bien.

T: ¿Podrás hacerlo?

C: Sí. Todo está muy diferente.

T: Cuando piensas en ir allá y piensas en las palabras "Soy valiente, lo puedo enfrentar", en una escala de uno a siete, donde siete es completamente verdadero y uno es falso...

C: Siete, ahora lo puedo enfrentar. [Risas.]

T: Karen, el reprocesamiento que hicimos hoy puede continuar después de la sesión. Puede ser que durante el resto del día o de la semana tengas nuevos *insights*, pensamientos, recuerdos o hasta sueños. Si esto pasa, simplemente fíjate en lo que estás experimentando, en lo que sientes, en lo que ves y piensas, y está atenta a los disparadores. Compra un cuaderno para llevar como un diario de las cosas que van surgiendo durante la semana y anota todo: lo que te va pasando, esos nuevos *insights*, sueños y nuevos recuerdos, y tráelo a la próxima sesión de terapia. Si necesitas, ponte en contacto conmigo.

Entonces, ¿cómo estás ahora?

C: Muy bien; me estoy sintiendo normal. Me estoy sintiendo normal, porque la sensación que tenía antes era de que yo era anormal con respecto a todo el mundo. Nadie tiene miedo. Ahora no. Ya no estoy más desesperada.

T: Quiero agradecerte por compartir esas experiencias con nosotros, que nos hayas permitido formar parte de tu historia. Y espero, realmente, que puedas llevar esto de regreso a casa y vivir de forma normal.

C: Normal. Eso es bueno. Gracias.

Varios años después, cuando me puse en contacto con Karen para escribir este libro, le pregunté cómo estaban las cosas. Ella me escribió:

Bien, como sabes, conviví con mi miedo a los ratones desde por lo menos los doce años de edad. No era fácil vivir imaginando que un ratón podría surgir de cualquier lugar a cualquier momento o paralizándome por solo ver una imagen en la televisión o en vivo.

Los síntomas físicos fueron los que más me mostraron cuánto he mejorado. ¡Cambió todo! Hoy ya puedo ver televisión y ver un informe sobre ratones, o una propaganda, o alguna película. Antes me quedaba paralizada de solo de ver, oír... Ahora me siento bien y libre del temor de que aparezca un ratón en el ambiente en el que estoy.

¡Fue liberador! Ahora hablo sobre el asunto. Veo al animal y la mandíbula no me tiembla; no transpiro y no siento miedo: lo veo como cualquiera otro animal de la naturaleza y que forma parte de la vida. Desde aquella sesión, pude constatar en mi rutina que aquel miedo irracional que me dominaba y me impedía relajarme, realmente se ha ido. Quedó apenas la tranquilidad de actuar como cualquiera. Puedo sentarme tranquilamente en un restaurante, en una cafetería, para conversar, sin tener que estar escogiendo el lugar para sentarme, ya que yo tenía esas estrategias de fuga en caso de que algo surgiese. Y lo más interesante es que todo estaba vinculado a mi padre. Hoy puedo ser más amable con él, sin el sentimiento de rencor o ira que sentía al verlo.

Te agradezco infinitamente por haber tenido la oportunidad de curarme de algo que trababa mi vida emocional. ¡Hasta quedé embarazada poco después de la sesión! Mi hija ahora tiene dos años, es linda y saludable... y súper valiente... ¡Debo haberla influenciado!

En busca del evento base

Una de las cosas que se aprende en la formación en terapia EMDR es que los síntomas de hoy comenzaron con una experiencia anterior, generalmente en la primera infancia. Para ganar tiempo, intentamos encontrar el evento más antiguo relacionado al síntoma actual. Es una suerte de atajo en el intento de resolver el síntoma.

En este caso, Silvana presentó un evento de la primera infancia, pero durante el reprocesamiento, apareció un recuerdo aún más antiguo que fue trabajado al día siguiente. Se puede ver cómo se trabaja de forma focalizada en recuerdos antiguos, y cómo se retoma el reprocesamiento en sesiones subsiguientes. También aquí es posible ver cómo las cuestiones de ansiedad actuales tiene su origen en experiencias antiguas vividas como peligrosas. En este caso, el peligro fue real: un verdadero riesgo de secuestro.

Vale resaltar que los recuerdos traumáticos se archivan de forma distinta a los recuerdos normales, con una riqueza de detalles que no suele estar presente en recuerdos que fueron archivados de forma funcional.

Vemos la importancia y la dificultad de identificar correctamente la creencia negativa, aquella "mentirilla" en la que creemos después de experiencias difíciles o traumáticas. A veces es preciso que la terapeuta ofrezca algunas sugerencias para ver por dónde anda la dificultad del paciente.

Se puede ver también cómo otros temas de mayor complejidad son dejados de lado a propósito, para ser trabajados en sesiones futuras.

Primera sesión

C: Yo debía tener unos cuatro o cinco años, y estaba en el jardín de infantes. Estaba con otro niño. Estábamos conversando tranquilamente. No estábamos haciendo nada. Teníamos una tacita, como las de margarina, y adentro había arena. De la nada, él la agarró y me echó toda la arena en el rostro. Me entró en los ojos y yo no podía ver nada. Imagina tener una arenita en el ojo. Pues yo tenía aquella cantidad enorme. No recuerdo bien qué pasó después de ese episodio. Solo recuerdo que mi madre me vino a recoger a la escuela, me llevó a casa en brazos y yo, intentando ver pero sin poder hacerlo. Tenía que quedarme con los ojos cerrados, pero cerrados dolían, abiertos dolían... Era un horror.

T: Cuando piensas en ese recuerdo que vamos a trabajar hoy, ¿cuál es la foto del momento por donde podemos comenzar?

C: La parte en la que él me echa la arena.

T: OK. El niño echando arena. Y cuando piensas en ese recuerdo difícil, ¿qué palabras describen mejor lo que piensas sobre ti misma ahora, que sean negativas y falsas?

C: Ah, que había sido traicionada. Esa es la sensación: que estábamos jugando tranquilamente, y de repente, de la nada, él me echa aquella cosa en el rostro.

T: ¿Qué dirías de una persona que fue traicionada?

C: Que fue víctima de una situación. Es una sensación mala, muy humillante.

T: ¿Esa es la emoción? Humillación.

C: Sí.

T: ¿Qué se podría decir de esa niña que sufrió esa traición? ¿"Soy vulnerable"? ¿"Estoy expuesta"? ¿"No puedo confiar en nadie"? ¿"No puedo ver"?

C: Es una sensación de miedo, de rechazo. "No quiero que estés aquí". Estaba conversando tranquilamente y él me echó la arena. Es como "No quiero que estés aquí; sal de aquí".

T: ¿Como si él te hubiese dicho eso?

C: Siento que esa era la actitud de él. Así lo interpreto.

T: Desde la perspectiva de él, ¿qué habría en ti que hiciese que él hiciera una cosa así? ¿"Yo no soy importante"? ¿"No tengo valor"?

C: Creo que sería "Soy inadecuada".

T: Bien. Y cuando piensas en ese recuerdo, ¿qué te gustaría pensar sobre ti misma ahora que fuese positivo, con relación a esa experiencia?

C: "Soy capaz". Hoy le agarraría a él por los cabellos, si pudiera. [Risas.]

T: ¡Muy bien! [Risas.] "Soy capaz". Otra creencia positiva que se me ocurrió, pero tú eres quien sabe, sería "Estoy bien así como soy". ¿Cuál prefieres?

C: "Estoy bien así como soy".

T: Y cuando piensas en ese recuerdo difícil, en una escala de uno a siete, donde siete es completamente verdadero y uno es completamente falso, ¿cuán verdaderas sientes que son esas palabras positivas, "Estoy bien así como soy" ahora? Pensando en aquello.

C: Cinco.

T: Cinco. [La terapeuta toma nota.] Y cuando piensas en esa experiencia y en las palabras negativas "Soy inadecuada", ¿qué emociones aparecen ahora?

C: Creo que eso me disparó mucha ira, porque me sentí muy impotente en aquel momento y ese chico me provoca ira hasta el día de hoy.

T: Cuando piensas en esa experiencia difícil ¿cuánta perturbación sientes ahora, en una escala de cero a diez, donde diez es la máxima perturbación que puedes imaginar en la vida y cero es ninguna?

C: ¿Sinceramente? Creo que es un dos.

T: ¿Y en qué parte de tu cuerpo sientes esa perturbación?

C: Aquí. [Señala la región de la mandíbula.]

T: OK. Esto es lo que vamos a hacer: te voy a pedir que mantengas en tu mente esos pensamientos perturbadores, mientras sigues mis movimientos bilaterales. Voy a hacer esto por un tiempo y luego voy a parar y tú me dirás qué surgió, qué experimentaste. A veces las cosas van a cambiar y a veces no. Puede ser que yo te pregunte si surgió algo. A veces puede ser que sí, y a veces, no. No existe una "manera correcta" de hacer las cosas en este proceso, así que contesta de la manera más precisa posible sobre lo que esté pasando, sin juzgar si debería estar pasando así o no. Deja que surja lo que tenga que surgir. Voy a hacer algunos movimientos bilaterales y después hablamos sobre lo que pasó. ¿Alguna pregunta?

C: No.

T: Recuerda que siempre puedes pedirme que paremos. Tienes la señal de pare. O si quieres que haga más o menos movimientos, también, puedes pedírmelo; o más rápido o más despacio. ¿Bien?

Entonces: vuelve a pensar en aquella imagen de esa experiencia difícil, piensa en las palabras negativas "Soy inadecuada", fíjate dónde lo sientes en tu cuerpo y sigue mis movimientos. [MBL]

Respira hondo. ¿Y ahora?

C: No siento nada.

T: OK. ¿"Nada" es cuánto, de cero a diez?

C: Bueno, han cambiado mis sentimientos. ¿Puedo explicar?

T: Desde luego.

C: Es un uno. Creo que comenzó así: primero, me vino una sensación en el pecho. "¿Por qué me hiciste esto? ¿Por qué me traicionaste? Yo no te había hecho nada", sintiéndome víctima. Después en un segundo momento, muy rápido, surgieron otros pensamientos. No es que me haya olvidado de aquel momento, pero creo que él se sintió muy mal por lo que había hecho. Hoy en día, su apodo es Marcoloco. No está del todo bien de la cabeza. Me dio lástima, la verdad. Cuando lo veo hoy, siento compasión por él.

T: Y cuando miras a la pequeña Silvana, que tiene cuatro o cinco años y ves lo que le pasó, ¿qué percibes? [MBL] Respira hondo. ¿Y ahora?

C: Otra vez me vino aquella sensación de pobrecita. "Mira lo que pasó contigo". Pero luego empecé a pensar: problemas uno siempre va a tener, pero debemos guardarlos como parte del aprendizaje. Yo puedo vencer esto. Tengo una red de apoyo, y en aquel momento tenía a mis padres, y además, que las cosas malas pasan. No duran para siempre.

T: OK.

C: Pero todo esto pasó muy rápido también.

T: ¿Y cuando piensas en aquella niña que pasó dos semanas sin poder ver bien? [MBL] Respira hondo.

C: Te voy a contar dos cosas que pasaron, una antes y otra después. Este proceso de asociación es muy interesante...

Ahora recordé, como si me dijese "Todo va a pasar". En aquel momento, fue como si el cielo se hubiese cerrado, como en una tempestad, una cosa horrible; fue como una cirugía que tuve una vez. Tenía la sensación de que la cosa no iba a salir bien. Quise hablar con el médico, pero me anestesiaron antes de que pudiera hacerlo. Y cuando desperté, de hecho había salido mal. Pero pasó. Yo ya no sentía aquella sensación horrible. Entonces, lo que veo es que las cosas ocurren y luego todo pasa. Aquel tumulto, la angustia, va a tener un fin. Es interesante que jamás pensé que iba a asociar una cosa con la otra.

Recordé otra escena de cuando yo tenía tres años de edad y me perdí en la playa. Mi padre estaba conmigo y mi hermana, y yo lloraba, lloraba, lloraba, hasta que me encontró el guardavidas. Vino una pareja que me quiso llevar. Era una pareja que yo no conocía. El guardavidas no dejó que me llevasen. Tenía la misma sensación que el guardavidas: que ellos irían a llevarme. Él se dio cuenta de que yo no los reconocía y dijo: "No, ella solo se va con alguien a quien reconozca". Ahí vino mi padre y yo lo abracé. Recuerdo su cabello, que era crespo, como se usaba en los comienzos de la década de los años 80. Yo era muy pequeña. Recuerdo su gran peinado, y que lo miraba y lo abrazaba, lo miraba y lo abrazaba. Me acuerdo hasta de su ropa. No recuerdo lo que ellos dijeron que yo había hecho. Jamás iba a imaginar que iba a asociar una escena con a otra.

T: ¿Vamos con eso? [MBL] Respira hondo. ¿Y ahora?

C: Creo que está todo bien. De repente, creo que lo debo haber asociado con aquella otra situación, no la sensación, pero aquellos dos momentos, la arena y la sensación de abandono... Creo que debe haber sido algo como "Dios mío, ¿por qué? ¿Por qué aquí, conmigo?" Debe haber sido algo así, una emoción quizá como de haber sido traicionada. Nadie me vio, nadie me ayudó. Pero después todo terminó bien. Creo que quedó allí, algo debe haberlo disparado, la experiencia con la arena, porque cuando me senté aquí me vino, en este mismo momento, la imagen clara. Las dos experiencias terminaron bien, pero creo que fue la emoción que une una escena con la otra.

T: Piensa en eso. [MBL] Respira hondo. ¿Y ahora?

C: Estoy bien tranquila. Ahora solo siento la cuestión de la traición, del abandono. No me tengo que preocupar por las cosas antes de que pasen.

T: Piensa en eso. [MBL] Respira. ¿Y ahora?

C: El proceso de pensamiento fue bien tranquilo. Me vino la sensación del lugar tranquilo, el mar, la playa...

T: Cuando piensas en aquella niña de tres años que se perdió en la playa ahora, ¿cuánto te molesta de cero a diez, donde diez es el máximo de perturbación y cero es ninguna?

C: Cero.

T: Y cuando piensas en esa otra situación, la del niño que te echó arena en los ojos, en una escala de cero a diez, donde diez es la máxima perturbación y cero es ninguna, ¿cuánto te molesta ahora?

C: Uno.

T: ¿Qué es ese uno?

C: Hoy si lo miro, no siento ira, y sí compasión. Pero la sensación de la niña, de la pequeñita, es aún de pobrecita [risas] de mí; la niña aún está aquí.

T: Vamos con eso. [MBL] Respira. ¿Y ahora?

C: Creo que ahora estoy más tranquila. Los diálogos que tuve internamente ayudaron bastante.

T: OK.

C: No sé si debería hacer una observación aquí sobre el entrenamiento [la formación en terapia EMDR] o si debería permanecer en mi rol de paciente. Pero la capacidad de asociación que da el proceso de EMDR es impresionante. ¡Cómo una cosa se conecta con la otra! Podría quedarme aquí todo el día, recordando una cosa, y luego otra, cosas que yo jamás había asociado, pero que tienen todo que ver con la lógica emocional.

T: ¡Qué bueno! Ahora cuando piensas en aquella escena difícil, con el niño, ¿cuánto te molesta de cero a diez, donde diez es el máximo y cero es nada?

C: Ese que es el problema de no poder detener la cadena asociativa. Aquella niña recordó una situación, y luego otra, y todas forman parte de una red. Pero si pienso en la cuestión central que me estaba perturbando, y pienso en cómo se me disparaba la ira cada vez que lo veía al niño... De eso, ya no queda nada.

T: OK. Hubo un momento en que dijiste: "Tengo ganas de agarrarle de los cabellos".

C: Ya no siento eso.

T: ¿Pasó?

C: Sí.

T: OK. De cero a diez, entonces, ¿de cuánto es la perturbación? Cero es nada, diez es el máximo.

C: Nada.

T: Entonces piensa en eso un instante más. [MBL] Respira hondo. ¿Y ahora?

C: [Asiente.]

T: ¿Todo bien?

C: Sí.

T: Entonces, cuando piensas en el recuerdo difícil con el cual empezamos a trabajar, y piensas en las palabras positivas "Soy capaz", ¿aún son esas las palabras que quieres reforzar, o surgieron otras expresiones que serían más adecuadas?

C: Surgió "Estoy bien así como soy".

T: ¿"Estoy bien así como soy"?

C: Sí. Es eso.

T: Entonces, nos quedamos con eso. Piensa en esa experiencia inicial y piensa en las palabras "Estoy bien así como soy", y en una escala de uno a siete, siendo siete completamente verdadero y uno completamente falso, ¿cuán verdaderas sientes que son esas palabras positivas ahora?

C: Siete.

T: Trae la experiencia difícil a la mente, piensa en las palabras "Estoy bien así como soy", y sigue mis movimientos. [MBL] Respira hondo. ¿Y ahora?

C: Pensé esto: "¿Silvana, ¿por qué tienes que estar a la defensiva cuando estás delante de otras personas?" Y me contesté a mí misma: "Ah, porque fue una cosa inesperada". Así que pensé: "Ya basta, chica. Fue algo que pasó. ¿Cuántas veces te has acercado a otras personas y todo salió bien?". Y me contesté: "Pues sí". Y ahí vino: "¡Entonces olvida eso! Es parte del pasado; no es parte de tu presente hoy".

T: OK. [MBL] Respira hondo. ¿Y ahora?

C: Ya no tengo nada.

T: Entonces, de uno a siete, donde siete es completamente verdadero y uno es falso, ¿cuando piensas en esa experiencia y piensas en las palabras "Estoy bien así como soy"?

C: Estoy bien así como soy.

T: ¿Siete?

C: Sí.

T: ¿Ninguna perturbación?

C: [Contesta que no con la cabeza.]

T: Ahora cierra los ojos, concéntrate en la experiencia difícil que acabamos de trabajar, piensa en las palabras "Estoy bien así como soy", y mentalmente examina todo tu cuerpo y dime se tienes alguna perturbación.

C: Un poquito quizá.

T: Entonces piensa en esa perturbación y sigue mis movimientos. [MBL] ¿Y ahora?

C: Estoy bien.

T: Cuando piensas en esa perturbación en tu cuerpo ahora, de cero a diez, donde diez es lo máximo de perturbación y cero es ninguna, ¿cuánta perturbación sientes en tu cuerpo ahora?

C: Cero.

T: OK. Silvana, el reprocesamiento que hicimos hoy puede continuar después de la sesión. Puede ser que durante el resto del día o de la semana tengas nuevos *insights*, pensamientos, recuerdos o hasta sueños. Si te pasa esto, simplemente fíjate en lo que estás experimentando, en lo que ves, sientes, piensas, e intenta identificar los disparadores. Compra un cuaderno para llevar un diario de las cosas que surgen durante la semana, como por ejemplo, los pensamientos, las sensaciones, los recuerdos y las experiencias. Puedes ir anotando lo que te va pasando, esos nuevos *insights* o sueños y nuevos objetivos para las próximas sesiones de terapia. Si es necesario, ponte en contacto conmigo; si no, nos vemos en la próxima sesión. ¿Estás bien? ¿Quieres hacer alguna observación? ¿Algún comentario?

C: Creo que esta experiencia es fantástica. Esta posibilidad asociativa de las cosas que yo no imaginaba, donde una cosa estaba conectada a la otra, es increíble. Hago terapia hace años, con orientación analítica, y nunca logré algo así: ver cómo esto tiene a ver con aquello. Claro que no te conté todo porque nos hubiéramos quedado aquí durante horas, pero me pareció increíble esta cuestión de procesar muy rápido y poder conectar las cosas. Creo que es posible pasar años sin darse cuenta de qué es lo que lo está perturbando a uno, y aquí, ¡hicimos el vínculo asociativo tan rápidamente!

T: ¡Qué bueno! ¡Muy lindo! Es interesante cómo lo describes con tanta claridad, porque yo creo que es lo que realmente pasa. Lograste expresarlo con mucha claridad. Vamos a ver cómo se desarrolla esto y la próxima vez veremos cómo te encuentras. Quisiera agradecerte mucho por haber compartido esta experiencia con nosotros.

C: Gracias.

Segunda sesión

C: Bueno, no lo comenté ayer, porque creía que debía enfocarme en esa escena, pero me vino durante el procesamiento una situación con mi madre, donde yo estaba jugando con unas amigas. La madre de una de las niñas no era muy normal. Era vecina nuestra y nos hizo una broma. Me fui a mi casa corriendo y llorando, y mi madre me abrazó. Se quedó allí conmigo, pero yo estaba enojada porque quería que ella fuese allá a pelear con la vecina. Me quedé enojada por eso, pero ella me consoló. Aun así, me quedé con mucha ira. Lo que me parece es que aquella escena desencadenó otro proceso que tiene que ver con la cuestión de la ira. Creo que es la emoción que está conectada con todo. Estoy pensando que debe haber sido eso.

T: OK. Ahora cuando piensas en aquello que trabajamos ayer, aquella escena de los cinco años, ¿cómo está ahora?

C: Está tranquilo.

T: ¿Qué significa "está tranquilo"?

C: Es como si fuese un recuerdo que no me causa ninguna emoción. Intenté varias veces ayer mismo pensar en el niño que había hecho aquello y ver qué sentía. Antes, por más que fuese pequeño, siempre pensaba: "Debería haberle jalado de los cabellos". Pero ahora no.

T: Y ahora entonces, cuando piensas en aquella escena, en una escala de cero a diez, donde diez es la máxima perturbación que puedas imaginar en la vida y cero es ninguna, ¿cuánto te molesta ahora?

C: Cero.

T: ¿Y te acuerdas de aquella otra escena que recordaste, de los tres años, cuando te perdiste?

C: Sí.

T: ¿Cómo está aquella escena?

C: Aquella escena no me causa ira, pero tengo tristeza y miedo.

T: Y en una escala de cero a diez, ¿cuánta perturbación te despierta?

C: Uno.

T: ¿Qué es ese uno?

C: Creo que... aunque todo acabó bien, tenía miedo de que algo malo me pasase, de que el guardavidas me dejase ir con aquella pareja.

T: Entiendo.

C: De que él no me protegiese en aquel momento, porque yo no quería ir con aquella pareja que no conocía. Así que creo que aún tengo un poquito de aquel miedo de que él me hubiese dejado ir con ellos.

T: Cuando piensas en esa imagen de aquella pareja y el guardavidas a tu lado protegiéndote, ¿qué piensas acerca de ti misma que sea negativo? ¿"Estoy en peligro"? ¿"Estoy expuesta"? ¿"Perdida"?

C: "Estoy perdida".

T: "Estoy perdida".

C: Sí.

T: ¿Y que te gustaría pensar?

C: "Estoy a salvo".

T: Y cuando piensas en aquella escena y piensas en las palabras "Estoy a salvo", en una escala de uno a siete, donde siete es completamente verdadero y uno completamente falso, ¿cuán verdaderas sientes que son esas palabras ahora?

C: Cinco.

T: Y cuando piensas en aquella imagen y piensas en las palabras "Estoy perdida", ¿que emociones te vienen?

C: Era mucho chiquita, pero creo que estaba pensando: "No los conozco; van a llevarme y nunca más veré a mi padre".

T: Has hablado de miedo, tristeza. Estoy buscando las emociones. ¿Serán estas?

C: Sí.

T: Y cuando piensas en eso ahora, en una escala de cero a diez, donde diez es la máxima perturbación y cero es ninguna, ¿cuánta perturbación sientes ahora cuando piensas en eso?

C: Me da un poco de ansiedad. Ahora que lo pienso, me parece que hay más ansiedad de lo que me había dado cuenta hace poco.

T: ¿Cuánto sería?

C: Ocho.

T: ¿Y dónde lo sientes en el cuerpo?

C: Aquí. [Coloca la mano en la región abdominal.]

T: ¿Vamos a trabajar sobre eso para ver si logramos mejorar la perturbación?

C: Bueno.

T: Piensa en aquella escena con la pareja que me describiste, piensa en las palabras "Estoy perdida", siente eso en tu cuerpo y sigue mis movimientos. [MBL] Respira hondo. ¿Y ahora?

C: Tuve más dificultad que ayer para traer a la memoria la situación, pero la diferencia es que hice una cosa que creo que podría haber hecho. Me quedé esperando para ver la reacción del guardavidas, para ver qué iba a hacer él. Él dijo: "No voy a dejar que se vaya". Fue una decisión de él, pero yo podría haber dicho: "No los conozco. Por favor no me deje ir con ellos. No quiero ir. No los conozco a ellos. Quiero esperar a mi padre".

T: Piensa en eso. [MBL] Respira hondo. ¿Y ahora?

C: Otra vez, me llevó un rato. Si lo comparo con la sesión de ayer, ahora es más difícil.

T: ¿Más difícil?

C: Más difícil para concentrarme. Estaba intentando rescatar la memoria, pero me llevó un rato. Ahí empecé a sentir un silencio, un silencio bueno, para disfrutar, no perturbador. Pero solo ahora al final logré recordar la mejor escena, que fue cuando mi padre me encontró.

T: Piensa en eso. [MBL]

C: Por un momento, la felicidad que sentí era pequeñita. Recuerdo que él estaba usando uno de esos trajes de baño antiguos, con unas gafas que se usaban en el inicio de la década de los 80. ¡De repente miré, y quería saltar! La emoción que me viene ahora es de alegría. [Risas.] Quería saltar para llegar cerca de él antes de que él se acercara a mí. Mi padre también estaba asustado, perturbado, se le notaba. Hoy puedo ver bien su rostro, el alivio que sentía. Estaba realmente trastornado.

T: [MBL] Respira hondo. ¿Y ahora? ¿Tranquila?

C: Tranquila. Lo que pensé es... Podría haber estado enojada con mi padre, pero no lo estaba. Solo sentía felicidad. No recuerdo haberme enojado. Sentí pavor, miedo, ese tipo de cosa, pero ira, no. Era él el que me estaba cuidando, no era mi madre, con quien él ya estaba teniendo dificultades. Empecé a pensar en esto. Yo no me había dado cuenta antes. Podría haber sentido enojo con él y no lo sentí. Hubo veces en las que mi madre me contenía muy bien, pero yo sentía ira con ella, pero no con él.

T: ¿Podemos dejar este tema de lado, para trabajarlo otro día?

C: Sí.

T: Porque los temas de madre tienen raíces muy largas. [Risas de ambas.]

C: Seguro.

T: Hoy nuestro tiempo es más corto. Vamos a dejar eso de lado por ahora. Puedes trabajarlo más adelante. Ahora quiero que vuelvas a aquella escena inicial que empezamos a trabajar hoy. ¿Cambió algo? ¿Cómo estás ahora?

C: Estoy mejor porque siento que no me quedé en una situación pasiva. Lo que me molestó en la escena fue que no dije que no quería ir. Esperé la reacción del guardavidas, pero en ese momento yo sabía que estaba en peligro. Ese pequeño espacio de tiempo en que él estaba decidiendo no tendría que haber existido. Él fue muy prudente y tuvo mucha presencia de ánimo, pero mi actitud era (aun con mis tres años), si yo dijese: "No quiero ir, no los conozco a ellos, solo voy con mi padre". Otra persona con menos criterio podría haber dejado que me fuera con esa pareja. Pero me habrían escuchado, aun teniendo yo solo tres años. Podría haberme defendido, ¿no? Entonces creo que es eso lo que fue: una sensación de alivio. Hablé; dije lo que tenía que decir. No necesitaba quedarme con aquella sensación de peligro: bastaba con que yo hablara. Pero ahora puedo decir: "Dios mío, ¡ayúdame, no dejes que me lleven!". Ah, fue eso; alivio.

T: Cuando piensas en esa escena ahora, en una escala de cero a diez, donde diez es la máxima perturbación en la vida y cero es nada, ¿cuánta perturbación sientes cuando piensas en aquello ahora?

C: Está tranquilo, porque parece que la imagen se invirtió. En lugar de pensar más en aquella pareja que recuerdo tan nítidamente: ella era más alta y él más bajo... El recuerdo mayor que tengo ahora es el de mi padre abrazándome.

T: Y entonces, ¿de cero a diez?

C: Si me preguntas ahora, ah, la perturbación podría decir uno.

T: ¿Qué es ese uno?

C: Es más una cuestión de sensación. Cuando estaba por decir que estaba todo bien, sentí... parece como una ansiedad aquí. [Coloca la mano en la región del pecho y el corazón.]

T: ¿Vamos con eso? [MBL] Respira hondo. ¿Y ahora?

C: Estaba sintiendo la ansiedad de esperarlo a mi papá.

T: Entiendo.

C: Ansiedad... Todavía la siento, mientras te estoy hablando. Ansiedad: pase pronto, ¡pase pronto, pase pronto! Y trato de hablar y calmarme. Las cosas van a salir bien. Trayendo la cosa del adulto, pero el niño diciendo: "Ay, Dios mío, esto tiene que pasar, alguien tiene que buscarme pronto". Fue esa la ansiedad que estaba sintiendo.

T: OK, piensa en eso. [MBL] Respira hondo. ¿Y ahora?

C: Cambié la ansiedad mala por ansiedad buena. La ansiedad mala es aquella en la que pensaba: [mi padre] "No viene, no viene, no viene". La cambié por ansiedad buena, porque ya lo estaba viendo a él. Como dije antes, yo quería saltar, para que él pudiese abrazarme pronto. Aquella ansiedad que es una *cosa buena, cosa buena* que tengo que aprender a controlar. Él ya está viniendo, quiere decir que cambié aquella angustia mala por una ansiedad buena.

T: [MBL] Respira hondo. ¿Y ahora?

C: Terminé con una sensación de alivio.

T: Y ahora cuando piensas en aquella escena y en una escala de cero a diez, donde diez es la máxima perturbación que puedas imaginar en la vida y cero es ninguna perturbación, ¿cómo está ahora?

C: Ninguna. Es cero.

T: Cero. Entonces, cuando comenzamos, dijiste que las palabras positivas que te gustaría vincular a eso serían "Estoy a salvo". ¿Son esas las palabras que quieres instalar todavía o cambió algo?

C: Son esas.

T: Entonces quiero que mires aquella escena difícil que estamos trabajando, piensa en las palabras positivas "Estoy a salvo", y sigue mis movimientos. [MBL] Respira hondo. ¿Y ahora?

C: Es gracioso, porque como vengo trabajando esta cuestión de la ira, me vino otra escena. Pero ahí pensé: "¡Otra vez lo mismo! Ya estoy reaccionando a esto con ira". Entonces me dije que hay ciertas ocasiones en las que uno debe mostrar la ira. Lo que esa pareja estaba tratando de hacer era llevarme. Así que volví a ser la niña de tres años y dije: "Ustedes no me van a llevar! ¿Qué se creen?" Me reí, porque me vi muy chiquita, diciéndoles malas palabras, diciéndoles: "¡Váyanse! ¡Váyanse! ¡Váyanse!". Golpeando el piecito en el suelo y diciéndoles que se fueran. Se dieron vuelta y se fueron. Ni necesité del guardavidas. ¡Fui yo la que les mandó que se fuesen! Está todo bien ahora.

T: ¡Fantástico! Entonces ahora, cuando piensas en esa escena y piensas en las palabras "Estoy a salvo", en una escala de uno a siete, donde siete es completamente verdadero y uno es completamente falso, ¿cuán verdaderas sientes que son esas palabras ahora?

C: Cerca de un seis.

T: ¿Qué es ese seis?

C: Es porque no estoy segura que ellos no van a volver.

T: Vamos con eso. [MBL]

C: Alto. [La terapeuta inmediatamente detiene los movimientos.] Ahora es como todas las demás cosas de la vida.

T: ¿Sí?

C: [Risas.] Ahora sé de lo que se trataba el sueño que tuve ayer. Había un hombre que era del doble de mi tamaño. Yo era pequeña, tenía quizá un poco más de tres años, pero él me abrazaba, me abrazaba, me abrazaba... Pero luego, me abrazaba tan fuerte que pensé que me iba romper los huesos. Sentía dolor. El hombre tomó un palo de escoba y lo metía entre mis costillas. Me ordenaba que me inclinara y el palo entraba dentro mío. Creo que es una fantasía que creé sobre lo que me hubiera pasado si hubiese ido con la pareja. Eso es lo que creo. Yo jamás —tengo que decirlo— yo *jamás* había hecho esta asociación en mi vida, esa asociación... *jamás*. Fue algo que pasó ahora en ese exacto momento aquí, cuando dije: "Tengo la sensación de que ellos pueden volver". Creo que ese miedo de que ellos volviesen se transformó en ese sueño. Ya no tengo más este sueño, pero creo que era eso, esa fantasía de que si ellos hubiesen regresado, eso era lo que ellos irían a hacer conmigo.

T: Podemos seguir. [MBL] Respira hondo. ¿Y ahora?

C: Les dije un montón de malas palabras. Creo que en la vida adulta les habría hecho algo. Me hubiera asegurado de que terminaran en la cárcel. [Risas.]

T: Por intento de secuestro.

C: Fue muy interesante. Tuve ese sueño repetidas veces. Ya hace algunos años que no lo tengo más, pero era muy frecuente y era muy angustiante. Aquel dolor, aquel dolor, aquel dolor y a veces no lograba despertarme lo suficientemente rápido.

T: Entiendo.

C: Y creo que mi cerebro me llevó a esa asociación.

T: Vamos con eso. [MBL]

C: Yo no sé si es así. Intento producir algo antes de comenzar a mirar sus dedos. Siempre me llegan cosas buenas. Lo que hice fue esto: no pensar en un abrazo apretado, que me iba a quebrar los huesos, que podría haber sido un abrazo malo, de la pareja que me quería llevar...

T: Muy bien. Ahora cuando piensas en aquella escena y piensas en las palabras "Estoy a salvo", en una escala de uno a siete, siete es completamente verdadero y uno es falso, ¿cuán verdaderas sientes que son esas palabras ahora?

C: Está casi, pero aún no logro decir que sea siete.

T: ¿Qué falta?

C: Necesito guardar ese abrazo de mi padre; guardarlo o sustituirlo.

T: ¿Puedo hacer una observación? Hablaste del miedo de que ellos volviesen, pero yo pensé: "¿Y si ellos volviesen y tu padre ya te hubiese encontrado?". [MBL]

C: Sí. Ahora parece que se mezcló todo, pero queda así: las escenas malas son una fantasía que yo creé, pero eso ahora tiene dos imágenes: cuando ellos estaban ahí, yo ya no estaba. Estaba agarrada al cuello de mi padre, diciéndoles adiós a ellos, bien cínicamente. [Risas.]

T: ¡Muy bien! Y ahora, en una escala de uno a siete, donde siete es completamente verdadero y uno es falso, ¿cuán verdaderas sientes que son esas palabras "Estoy a salvo"?

C: ¿Para aquella escena?

T: Para aquella escena.

C: Siete.

T: Siete. ¿Vamos a dar una pasadita más para afirmar un siete poderoso?

C: Sí. [MBL]

T: ¡Muy bien! ¿Y ahora?

C: Voy a compartir todo, ¿OK?

T: Sí. [Risas.]

C: Ahora en el final, empiezan a venir otras cosas. Tengo mucho miedo de que mi padre muera. Eso de "Estoy a salvo" empieza a despertar otras cosas. Si él muere, yo ya no voy a estar tan a salvo. Otra terapeuta me dijo: "Pero tu padre desde hace veinte años que está vivo y no muere. ¡Qué padre fuerte ese, no!". Y vienen otras cosas. Bueno, estoy a salvo en aquella escena, pero ¿si ya no pudiera abrazar a mi padre...? Y de allí empiezan a venir otras cosas. Pero para aquella escena, está OK.

T: Entonces vamos a dejar que trabajes esas otras cosas en tu otra terapia, porque creo que realmente son temas más complejos. Cuando piensas en esa experiencia ahora, ¿está en siete? ¿Está tranquilo?

C: Sí.

T: Cierra los ojos solo un ratito, y dale una escaneada a tu cuerpo. Cuando piensas en aquella escena y piensas en las palabras positivas "Estoy a salvo", ¿hay alguna perturbación?

C: No, porque mi lugar seguro es justamente en la playa, donde me perdí. Estoy bien tranquila.

T: OK, Silvana, como sabes, el reprocesamiento puede continuar después de la sesión; como acabas de ver, las cosas siguen reprocesando. A veces, van surgiendo nuevas cosas. En ese caso, toma nota y tráelo a la próxima sesión. Quisiera agradecerte una vez más tu generosidad al dejar que viéramos un poquito adentro de tu cabeza, de tu cerebro, y cómo es que funciona este reprocesamiento. ¡Muchas gracias!

C: Soy yo la agradecida.

Dilema: ¿Con cuál departamento me quedo?

T: Entonces, Sara, quisiera que contases un poquito sobre tu dilema. Quisiera que explicases cuáles son tus opciones.

C: Mi novio y yo compramos un departamento, en un momento en que hubo que tomar la decisión rápidamente, para aprovechar un descuento de diez mil reales que la constructora estaba ofreciendo. No tuvimos tiempo para analizar el tema de la orientación del sol, y compramos un departamento de tres habitaciones, pero después vimos que la entrada de sol no era la ideal. Ahora vimos un departamento de dos habitaciones donde la entrada de sol es excelente, pero tenemos que pagar cinco mil más para refaccionarlo y dejarlo de la manera que nos gustaría, con las tres habitaciones.

T: Entonces, ¿el departamento de dos habitaciones se puede transformar en uno de tres habitaciones, pero tienen que pagar cinco mil reales?

C: Cinco mil reales.

T: Bien, para darles un nombre a las opciones, ¿podemos llamarlas la opción de dos habitaciones y la opción de tres habitaciones? ¿Sería eso?

C: Así es.

T: En la opción de dos habitaciones, tienen que pagar cinco mil reales para convertirla en un departamento de tres habitaciones, pero tiene mucho sol, y el otro departamento ya está como lo quieren, con tres habitaciones, pero sin sol.

C: Así es.

T: Quiero que elijas una mano para poner imaginariamente un departamento en ella, y la otra mano para poner la otra opción. Dime cuál es cuál.

C: En la mano derecha estaría el de dos habitaciones; en la mano izquierda, el de tres habitaciones.

T: En la mano izquierda está el de tres habitaciones, con el cual ya está comprometida.

C: Así es. Ya es nuestro. Estamos comprometidos; pero el de dos habitaciones está reservado y tenemos hasta el martes para definir con cuál nos quedamos.

T: ¿Tienes que salir de aquí con eso resuelto...?

C: ¡Así es! [Risas.]

T: Entonces, quiero que imagines que estás poniendo la opción de tres habitaciones en la mano izquierda.

C: ¿Puedo cerrar los ojos para hacer eso?

T: Puedes cerrar los ojos. Pon el otro departamento, el de dos habitaciones, en la mano derecha.

C: OK.

T: Cuando tengas bien claras las opciones, cierra las manos, y piensa en las opciones que tienes.

C: OK.

T: Hagamos un poco de procesamiento. Haremos algunos movimientos bilaterales, y después hablamos. Si quieres parar en algún momento, basta con pedírmelo. Si te sientes abrumada en algún momento, me avisas. ¿Está bien?

C: Sí.

T: Entonces, vamos a comenzar con unos pocos movimientos y veremos cómo se desarrollan las cosas. Concéntrate en las dos posibilidades.

C: ¿Y me quedo con las manos así? [Tiene las manos en el regazo, ambas cerradas.]

T: Sí. Si las cosas cambian, está bien, pero comencemos así. [La terapeuta ya ha estructurado las imágenes, creencias, emociones y sensaciones para cada mano.] Piensa en las dos opciones, en esas palabras que me comentaste, dónde lo sientes en tu cuerpo, y sigue mis movimientos [visuales]. [MBL] Respira. ¿Qué surge?

C: El de dos habitaciones, la vista es más amplia; es muy linda. El sol sale por sobre toda la sierra del mar. Tengo una vista panorámica. La vista del de tres habitaciones no es tan perfecta.

T: OK. [MBL] Respira hondo. ¿Y ahora?

C: ¡Acá aparece mi madre en escena! [Risas.]

T: ¿Se asomó tu madre?

C: Sí, porque el inmueble no es tan perfecto como lo habíamos imaginado. Pensamos vivir allí el resto de nuestras vidas. Estamos empezando la vida juntos. Ahí surge una frase de la madre: "No vale la pena invertir en un inmueble en el que no se va a vivir toda la vida, que no es el lugar que uno idealizó, o que no está en un barrio donde le gustaría vivir". Cinco mil reales... Sé que me pesa, porque surgen las palabras de mi madre.

T: Vamos con eso. [MBL] Respira hondo.

C: El tema es si estoy dispuesta a pagar cinco mil reales por una vista más bonita. [Risas.]

T: Así es. ¿Seguimos? [MBL] ¿Y ahora?

C: Y que cinco mil reales por una vista más bonita ¡son cinco mil reales!, [risas] pero la vista es más bonita. [Risas.]

T: ¿Cuánto tiempo piensas vivir ahí?

C: Quizá, unos tres años.

T: Vamos con eso. [MBL] Respira hondo.

C: Me siento culpable por haber escogido el departamento de tres habitaciones sin haber analizado la cuestión del sol, principalmente tratándose de la ciudad en la que vivimos, donde realmente hace mucho frío.

T: Vamos con eso. [MBL] Respira.

C: Ahí viene mi madre otra vez: "¿Cómo no vieron eso antes? ¡Qué irresponsabilidad, y, además, quieren casarse!". [Risas.]

T: ¿Seguimos?

C: Vamos.

T: [MBL] Respira. ¿Y ahora?

C: Ahora me doy cuenta de que desde el inicio, cuando estuve viendo toda la construcción, el departamento que más me encantó fue el de dos habitaciones, justamente por la vista, por el sol. Fue el que más me encantó. El de tres habitaciones era más lógico, pero el que más me gustó fue el de dos habitaciones, que descarté por tener solamente dos habitaciones. Es eso.

T: En el momento en que tomaste la decisión ¿sabías que podías transformar el departamento de dos habitaciones en uno de tres habitaciones?

C: No, no lo sabía.

T: ¿Seguimos?

C: Sí.

T: [MBL] Respira.

C: Se me ocurrió una cosa que nunca se me había ocurrido antes: que si yo hubiera sabido que el de dos habitaciones daba para transformarse en tres, habría pensado en esa posibilidad antes de firmar el contrato por el de dos, que es de hecho el que más me gustaba.

T: Entiendo. [MBL] Respira hondo.

C: Las cosas buenas de la vida tienen un precio. Haber ido a Disney para nadar con las delfines costó caro, pero fue muy lindo. Muchas personas no pagarían lo que yo pagué para andar encima de un delfín. Pero no me arrepiento. Así que voy a pagar el precio para quedarme con el de dos habitaciones. [Risas.]

T: Sigamos. [MBL] Respira. ¿Y ahora?

C: ¡Y mi madre no tiene nada que ver con esto! [Risas]. Ella ni sabe que vamos a tener que pagar esos cinco mil, y no se lo voy a contar. [Risas.] Y listo.

T: [MBL]

C: Porque cuando lo pienso, no sé si estamos perdiendo, realmente. Matemáticamente, ganamos un bono de diez mil. Entonces, ahora, simplemente se reduce a cinco, pero aun así, ganamos cinco mil reales. Y los podemos usar para la decoración. ¡Mira! ¡Sobró dinero! [Risas.]

T: Sobró dinero. ¡Excelente! [Risas.] [MBL]

C: La felicidad tiene un precio, así como la infelicidad. Y es mucho más grande, mucho más pesado, mucho más caro que la culpa, que ya ni siento. Me quedo con el placer, con la felicidad.

T: ¿Está resuelto?

C: Está resuelto.

T: ¿Vamos a despedirnos de la opción que vas a descartar?

C: Sí. [MBL]

T: Fíjate lo que le quieres decir a esta opción. [MBL]

C: ¡El departamento de tres habitaciones va a estar lleno de moho en el invierno! [Risas.]

T: ¡Así es! [Risas.] ¡Vamos a quedarnos con el de dos habitaciones que vas a transformar en uno de tres! ¿Qué le quieres decir a esta opción?

C: Que es muy bienvenida; que me alegra mucho... Me hace feliz que haya aparecido este inmueble.

T: ¿Y qué te dice ella a ti?

C: Soy tuya.

T: [MBL]

C: Este es mío.

T: ¿Qué emoción surge?

C: Comodidad, paz, ganas de estar ya en el lugar. Me veo decorándolo, viendo la salida del sol. Está muy bien.

T: Entonces piensa en eso, siente esa emoción. [MBL] Respira hondo.

C: Y estás invitada, la próxima vez que vengas, ¡a conocer mi departamento!

T: Entonces, ¡ya estás recibiendo visitas! [Risas.]

C: Así es.

T: ¡Pues, muy bien, gracias!

C: Muy bien.

Dilema: ¿Matrimonio o separación?

T: Fernanda, ¿nos dijiste que tenías una situación que querías resolver?

C: Sí, es un dilema. Mi matrimonio está en gran conflicto. Cuando hablaste de la gente que tiene astillas en el corazón, yo pensé: "En mi casa viven dos puercoespines". [Risas.] Me pregunto si debo quedarme o si debo irme. ¿Será que debo seguir en ese matrimonio o dejarlo? Me veo en un conflicto que viene arrastrándose. En ese último mes he estado particularmente tensa. Estoy en esa duda, con una sensación de que no hay salida. Por eso me vino la idea de traer esto para trabajarlo con el protocolo del dilema.

T: ¡Bueno, adelante, entonces! Vamos a estructurar las dos alternativas. Imaginemos que te vas a quedar en ese matrimonio. ¿Cómo te ves hoy quedándote en este matrimonio? ¿Cuál es la imagen?

C: ¿Considerando el contexto actual?

T: Sí. Uno no tiene garantía de cambio, ¿verdad?

C: Sí. Si me quedo, me veo haciendo mi vida y él muy distante.

T: ¿Y cómo sería la foto de eso?

C: Me veo adentro de mi coche, yendo a trabajar, estudiando.

T: ¿Y cuando piensas en irte?

C: Es la misma imagen.

T: Entiendo. Y cuando piensas en esa primera imagen de quedarte, ¿qué piensas respecto de ti misma que sea negativo, falso e irracional?

C: ¿Falso e irracional? Que yo tengo que cargar ese matrimonio.

T: Entiendo.

C: Si me quedo, voy a tener que cargar con el matrimonio yo sola.

T: Y si te vas, ¿cuál sería la creencia respecto de ti misma?

C: Ayer estaba pensando en todo esto. Me puse a pensar cómo sería si me quedo sola. Es difícil definir la creencia irracional.

T: ¿Y si te quedas sola?

C: Me viene la idea de que voy a quedar *desamparada*, pero no es eso, exactamente.

T: La creencia negativa es falsa e irracional. ¿Qué tal "Estoy desamparada".

C: Creo que es mejor "Estoy abandonada". Tiene más sentido.

T: OK. ¿Y qué te gustaría pensar respecto de ti misma con relación a quedarte, pero que fuese positivo?

C: No sé ponerlo en palabras. Lo que me viene es una imagen de que voy a quedarme, pero voy a ser responsable por la mitad. No voy a seguir cargando con todo.

T: ¿"Soy responsable de mi parte"?

C: Sí.

T: ¿Y si te vas? ¿Cuál sería la creencia positiva? ¿Qué piensas respecto de ti misma, que sea positivo?

C: "Voy a ser libre".

T: ¿"Soy libre"?

C: "Soy libre".

T: Cuando piensas en esa expresión, "Soy responsable de mi parte", pensando en aquella imagen de ti en el coche con tus cosas y en la opción de quedarte en el matrimonio, en una escala de uno a siete, donde siete es completamente verdadero y uno, completamente falso, ¿cuán verdaderas sientes que son esas palabras "Soy responsable de mi parte", ahora?

C: Cinco.

T: Y cuando piensas en la opción de irte, y en las palabras "Soy libre", en una escala de uno a siete, donde siete es completamente verdadero y uno, completamente falso, ¿cuán verdaderas sientes que son esas palabras cuando te ves adentro de tu coche, libre, sin tu matrimonio?

C: Cinco también.

T: Cinco. Cuando piensas en la primera alternativa, la de quedarte, ¿cuáles son las emociones que te aparecen? Piensa en aquella imagen de ti en tu coche, piensa en las palabras "Tengo que cargar con todo".

C: Tristeza, soledad, resentimiento, ira.

T: OK. Y cuando piensas en irte del matrimonio, piensas en esa misma imagen, y piensas en las palabras "Estoy abandonada", ¿cuáles son las emociones que te vienen ahora?

C: Tristeza, también, una angustia...

T: Cuando piensas en esas emociones, tristeza, soledad, resentimiento e ira, con relación a la primera alternativa, la de quedarte en el matrimonio, en una escala de cero a diez, donde diez es la máxima perturbación que puedes imaginar y cero es ninguna, ¿cuánta perturbación sientes con esa opción?

C: Ocho.

T: Y cuando piensas en salir del matrimonio, y piensas en las palabras "Estoy abandonada", ¿cuánto te molesta ahora cuando piensas en ello?

C: Cuatro.

T: ¿Dónde sientes ese ocho en tu cuerpo? ¿El de la primera alternativa?

C: En el pecho.

T: ¿Dónde sientes ese cuatro, esa tristeza, esa angustia de irte del matrimonio?

C: En la cabeza.

T: OK. Vamos a hacer unos movimientos bilaterales. Vamos a comenzar con la primera alternativa, después trabajaremos la otra alternativa y después vamos a dejar surgir lo que surja, ¿OK?

C: Sí.

T: Deja que suceda lo que tenga que suceder. A veces uno cree que no tiene nada que ver, pero vamos a dejar que pase y ver cómo se resuelven las cosas. ¿Está bien?

C: Sí.

T: Entonces, piensa en la primera alternativa, tú en el coche.

C: Sí.

T: Piensa en las palabras "Tengo que cargar con todo".

C: Sí.

T: Siéntelo en el pecho.

C: Sí.

T: Y sigue mis movimientos. [MBL]

C: Me quedé con sensaciones aquí. [Coloca la mano en el pecho.] Sentí una necesidad de inspirar para ver si eliminaba la sensación.

T: ¿Vamos a pensar en la otra alternativa?

C: OK.

T: Entonces piensa en dejar el matrimonio, en irte; piensa en las palabras "Estoy abandonada", siente eso en la cabeza y sigue mis movimientos. [MBL] Respira hondo; exhala.

C: Me dio la sensación de que un montón de cosas se estaban desmoronando en mi cabeza, los sueños, los proyectos, y sentí un nudo en la garganta.

T: ¿Podemos seguir?

C: Sí.

T: [MBL] Respira hondo; exhala.

C: Podemos seguir. Empecé a pensar en las dos situaciones, irme y quedarme, y cada movimiento de su mano era un lugar.

T: Entiendo.

C: Y ahí me vi, en un movimiento, haciendo algo que vengo haciendo desde hace mucho: corriendo tras él, intentando hacer que estuviera presente, que él no estuviera distante. Ahí vino el dolor, la tristeza, el cansancio de todo esto y pensé: "No, así no puedo seguir".

T: Entiendo.

C: Así no se puede seguir. Y luego pensé: "No depende solo de mí". [Se emociona y llora.]

T: ¿Podemos seguir? [MBL]

C: Me vino una música que me había venido ayer durante el reprocesamiento. Dice así: "No voy a llorar, tú no vas a llorar, vas a entender que yo no voy a verte más, pero al menos por ahora, sonríe, sonríe, sabe lo que siento, que te amo". Tengo esa sensación. Él simplemente no está muy disponible y yo no lo estoy. Necesito espacio. Necesito un tiempo. Necesito una distancia, y me vino él... Cuando fui a hablar sobre esto con él, me vino él diciendo que si uno de los dos se iba, no habría vuelta atrás. Pero me vino esta idea: necesito espacio, necesito distancia. Hay cosas que él está viviendo. Yo no puedo hacer nada por él y él no está disponible.

T: Entiendo.

C: Necesito espacio, necesito distancia.

T: Hace un ratito dijiste que estabas siempre corriendo tras él. ¿Hasta cuándo necesitas correr tras él?

C: Ya no lo necesito.

T: Piensa en eso. [MBL]

C: Ahí me vino la pregunta: ¿Qué voy a hacer con lo que quiero vivir? Si él no está disponible y no voy a seguir insistiéndole, entonces me viene esa pregunta: "¿Qué voy a hacer? ¿Cómo hago ahora?" Me voy a quedar por ahora, pero a mi manera: dentro de un capullo con cremallera.

T: Entonces, pensando en la imagen que tienes, cuando piensas en las palabras positivas... ¿Cuál es mejor? "Estoy protegida", "Me puedo proteger", "Me puedo cuidar".

C: En verdad es "Estoy segura".

T: "Estoy segura". Bien. En una escala de uno a siete, donde siete es completamente verdadero y uno completamente falso, ¿cuán verdaderas sientes que son esas palabras, "Estoy segura", cuando piensas en esa opción?

C: Cinco.

T: Quiero que pienses en el capullo, piensa en las palabras "Estoy segura", y sigue mis movimientos.

C: Mi sensación ahora es "Ahora sí, me toca aprender a volar". [Risas.] Ese capullo tiene que aparecer a la hora de dormir, ¿sabes? A la hora que llego a casa, porque si no me voy a quedar batiendo las alas todo el día. No hay otra manera.

T: Entiendo.

C: ¿Qué puedo hacer?

T: Cuando piensas en tu capullo con cremallera, y piensas en las palabras "Estoy segura", ¿cuán verdaderas sientes que son esas palabras ahora?

C: Siete, me siento segura.

T: [MBL]

C: Me dieron ganas de entrar al capullo.

T: OK.

C: Me vino la idea: será una manera de protegerme, de no perder lo que ya conquisté hasta ahora, las habilidades que ya gané, las cosas que ya trabajé. Será la manera de preservarme durante este tiempo. Sentía mucho miedo de perderme.

T: ¿Y ahora?

C: No. Espero que funcione. [Risas.] ¡Ojalá funcione!

T: Piensa en eso. [MBL]

C: Me vino un recuerdo del pasado, de algo que hacía en mi infancia. Era terrible, porque tenía que ir a ese lugar para sobrevivir. Es un lugar muy adentro de mí. Es muy doloroso. Creo que es por eso que me daba tanto miedo hacer esto ahora. Siento como "¿Otra vez ese lugar? ¿Voy a tener que hacer esto toda la vida?". Pero ahí me vino esa idea de que "No, es diferente ahora; es otro momento". Puedo entrar en mi capullo porque no es como la muerte: es solo una capa externa que uso para protegerme temporariamente. Al principio, fui un poco para adelante, cuando pensé: "Ojalá esto funcione". Después vi bien a las personas y pensé: "Qué bueno que me quedé adentro, encerrada durante todo este tiempo, porque eso preservó muchas cosas".

T: Piensa en eso. [MBL]

C: Me vi llegando a casa, hablando solo lo imprescindible con él. Voy a usar esa metáfora de las astillas. Hablar con él no está funcionando. Cuando él se acerca a mí, me clava sus astillas. Entonces, voy a entregarle la tarjeta de los terapeutas EMDR de turno [ríe], y decir: "¡Mira! Ve a verlos, a la hora que quieras, a la hora que puedas".

T: ¿Cómo estás ahora?

C: Bien. Me parece buena solución. Ojalá logre hacerlo... Ojalá sea posible.

T: En una escala de uno a siete, donde siete es completamente verdadero y uno es falso, cuando piensas en las palabras "Logro hacer eso", ¿cómo estás ahora?

C: ¿Si logro hacerlo? Es siete. ¿Si esto se va a resolver?

T: ¿Qué te parece?

C: [Risas.] Esa es mi duda, porque está la parte que le corresponde a él. Tengo mis dudas.

T: Sí. ¿Podrás hacer esto? ¿Sí o no?

C: [Asiente.]

T: ¿Siete?

C: [Asiente.]

T: OK. Las consecuencias ya no están más en tus manos.

C: No.

T: Entonces cierra los ojos un ratito, piensa en esa alternativa, "capullo con cremallera", saliendo a hacer tus cosas, volviendo a la casa por la noche, encerrándote en el capullo por un tiempo, con la esperanza de que eso va a resultar bien. Escanea tu cuerpo y fíjate si hay alguna molestia corporal.

C: Hay algo aquí. [Señala la región de la laringe.]

T: OK. Entonces préstale atención a eso. ¿Cuánto te molesta ahora?

C: Seis.

T: OK. [MBL]

C: Me vi vomitando un montón de cosas con las cuales no estoy de acuerdo. Él me hacía sentir culpable de tantas cosas: que hice esto, que hice aquello, hice eso, hice aquello. Me vi vomitando. Ya no lo voy a tragar.

T: OK. Y ahora, ¿cómo está la molestia?

C: Todavía queda algo. Siento como si se me hubiera ido al estómago. Algo se fue, pero parece que algo quedó. No sé si algo se movió, pero ahora tengo una sensación en el estómago.

T: ¿Positiva? ¿Negativa?

C: Me parece que es más negativa.

T: ¿Cuánto?

C: Una molestia de dos.

T: Piensa en eso.

C: ¿Puede ser con los ojos cerrados?

T: Puede ser. ¿Puedo hacer los movimientos en tus manos?

C: Sí.

[La terapeuta deja de hacer los movimientos visuales y pasa a movimientos táctiles. MBL]

C: Terminó. Es la sensación que queda después que uno vomita, pero no es malo.

T: Entiendo.

C: Así es. Me vino: es bueno estar aquí conmigo misma.

T: ¿Y cuánto te molesta ahora de cero a diez?

C: Cero.

T: Perfecto. Sabes que el reprocesamiento sigue después de la sesión.

C: ¡Gracias a Dios! [Risas.]

T: Y pueden aparecer otras cosas.

C: Sí.

T: A veces uno no ve ninguna alternativa, pero en la medida en que fuimos, aquí surgió una tercera alternativa. Me pareció realmente interesante esta opción. Tengo una amiga que va a AA [Alcohólicos Anónimos] que dice que si nada cambia, nada cambia. Creo que en la medida en que tú intentas introducir un cambio en tu sistema, al menos estás cambiando algo. Así como están las cosas ahora, ya sabemos lo que podemos esperar. Sabes que si A, entonces B; si él hace A, entonces será C. Así son las cosas. Ya tenías una opción conocida. Tuviste que medir si podías seguir viviendo así o no, y dijiste que no. Se hizo muy claro que ya no aguantas las cosas así como están.

C: Sí, es cierto.

T: Pero que la alternativa no tiene que ser necesariamente la separación. Existe otra forma de quedarse con él, que no te haga mal; que no ponga en peligro tu matrimonio aún; por lo menos, no lo destruye, no lo termina, no culmina necesariamente en una separación ahora. La opción te inspira una esperanza de que quizás, introduciendo este cambio en tu sistema, con el tiempo la cosa pueda resolverse de otra manera.

C: Sí.

T: Siempre tienes la opción de la separación. Está ahí. Parecería que vale la pena hacer el esfuerzo de introducir un cambio que te proteja, te haga sentir más segura. Y quién sabe, puede eventualmente introducir un efecto positivo en tu matrimonio. ¡Esto me parece muy bien!

Quiero agradecerte también por compartir esto con nosotros, especialmente con un tema tan difícil. Veamos cómo se resuelven las cosas. ¡Mantennos al tanto!

C: Yo soy la agradecida. ¡Gracias!

Varios años después, cuando le escribí a Fernanda para saber cómo había resuelto su dilema, me contestó:

Muchísimas gracias por enviarme la sesión para que la pudiese revisar. Después de leer la transcripción, me quedé viendo esa película en la cabeza...

¡Tantas fueron las cosas que pasaron después de esa sesión!

Hoy estoy divorciada. Fue un proceso largo. Viví fuera del país por unos seis meses. Hice un curso de especialización en trauma.

Algunos nuevos amores ya pasaron por mi vida.

En cuanto a los temas de mi matrimonio... Aún tengo que arreglar algunas cosas, principalmente para liberarme por entero para una nueva relación; pero ni de lejos siento ya la perturbación que sentía cuando estaba casada, la perturbación de sentir que no podía vivir libremente. Todavía ansío un nuevo amor, pero puedo decir que estoy más feliz, más libre, más ligera.... en constante movimiento, como en esa importante metáfora de estar adentro de mi coche.

Estoy encontrando y tomando nuevos desafíos profesionales con energía y disposición, trabajando con la terapia EMDR y con personas que sufrieron abuso y violencia. Quiero especializarme más en eso.

Tengo la esperanza de algún día encontrar alguien con quien valga la pena compartir mi vida.

¡Te estoy realmente muy agradecida!

Lo que puede hacer una cuerda

T: Hola, Rosana. ¿Qué tema quieres trabajar hoy?

C: Quiero trabajar una situación de cuando yo tenía unos siete años. Estaba en primer grado y recuerdo bien a la maestra. Creo que un día antes del incidente, ella dijo que iba a traer un rollo de cuerda al colegio y si alguno se levantaba de la silla, lo iba a amarrar. Ella dio la clase, yo hice mi tarea, me levanté y fui para el fondo de la clase. Cuando ella llegó, ¡me amarró! Me dejó apenas con una manita para afuera. Me conmueve ahora solo de recordarlo. [Se emociona.]

T: Es increíble cómo estas cosas de la niñez nos conmueven aun de adultos.

C: Y a veces, hasta el día de hoy, sueño que estoy como enyesada.

T: Entonces, solo para tener clara la imagen que quieres trabajar, ¿me puedes describe la foto?

C: Yo, toda atada. Ataditia, ataditia. Tengo la misma altura de la silla, toda atada con la cuerda.

T: Y cuando piensas en ese recuerdo difícil, Rosana, ¿qué palabras describen mejor lo que piensas sobre ti misma ahora, que sean negativas?

C: ¿Cuando pienso en la escena? ¿Qué palabras? Pienso en la exposición.

T: Entonces, ¿podríamos decir, "Estoy expuesta"?

C: Sí, lo estoy.

T: También dijiste "Estoy enyesada"?

C: Sí, enyesada.

T: Y me ocurrió también, ¿"Estoy amarrada"?

C: Estoy amarrada. Sí.

T: ¿Cuál de esas expresiones describe mejor experiencia?

R: "Enyesada".

T: Bien. Y cuando piensas en esa experiencia difícil, ¿qué palabras describen mejor lo que te gustaría pensar sobre ti misma, que fuesen positivas?

C: Quisiera ser libre.

T: Entonces, ¿cómo lo podríamos decir: "Estoy libre"? ¿"Puedo ser libre"?

C: "Puedo ser libre".

T: Y cuando piensas en ese recuerdo difícil, en una escala de uno a siete, donde siete es completamente verdadero y uno es completamente falso, ¿cuán verdaderas sientes que son esas palabras positivas "Puedo ser libre"?

C: ¿De cero a siete?

T: De uno a siete.

C: De uno a siete...

T: Siete es completamente verdadero y uno es completamente falso.

C: Creo que siete.

T: Cuando piensas en la escena.

C: ¿En la escena?

T: Sí, y piensas en las palabras "Puedo ser libre" o "Soy libre" o "Estoy libre".

C: Ah, quiero ser libre. [Risas.]

T: Sí, creo que eso es lo que quisieras. "¡Estoy libre!" significa que ya no estoy amarrada.

C: Así es. "Estoy libre".

T: "Estoy libre". Entonces, de uno a siete, donde siete es completamente verdadero y uno, completamente falso, ¿cuán verdaderas sientes que son esas palabras, "Estoy libre", ahora, con relación a aquella escena?

C: Uno.

T: Y cuando piensas en esa experiencia difícil y piensas en las palabras "Estoy enyesada", ¿cuáles son las emociones que te vienen ahora?

C: Mi corazón está muy acelerado.

T: ¿Y cuáles son las emociones?

C: Tristeza.

T: Tristeza. Cuando piensas en esa experiencia difícil, ¿cuánta perturbación sientes ahora, en una escala de cero a diez, donde diez es la máxima perturbación que puedes imaginar en la vida y cero es ninguna?

C: Creo que diez, porque el corazón quiere saltarme de la boca.

T: Iba a preguntarte en qué parte del cuerpo sientes esa perturbación, pero me estás diciendo que es en el corazón...

C: Sí, lo siento aquí en el corazón.

T: Rosana, quiero que mantengas en tu mente algunos pensamientos perturbadores, mientras yo te pido que sigas mis movimientos bilaterales. Haré eso por un tiempo y después voy a parar y tú me dirás lo que estás experimentando. A veces, las cosas van a cambiar, y a veces, no. Puede ser que yo te pregunte si surge algo. A veces, pueden aparecer cosas nuevas y a veces, no. No existe una "manera correcta" de hacer esto. Lo que hace falta es que contestes de la manera más precisa posible sobre lo que te está pasando, sin juzgar si eso debería estar sucediendo así o no. Deja que pase lo que tenga que pasar. Voy a hacer unos movimientos bilaterales y después hablamos sobre lo que pasó. ¿Tienes alguna duda, alguna pregunta?

C: No.

T: Voy a pedirte que te quites los anteojos. [Pausa.] Entonces, vuelve a pensar en la imagen difícil que me describiste, piensa en las palabras negativas "Estoy enyesada", fíjate dónde lo sientes en el cuerpo y sigue mis movimientos. [MBL] Respira hondo; exhala. ¿Y ahora?

C: Tengo una sensación un poquito mejor.

T: ¿Podemos seguir?

C: Sí.

T: [MBL] Respira hondo; exhala. ¿Y ahora?

C: Me siento mejor. El corazón está más tranquilo.

T: OK. ¿Podemos seguir?

C: [Asiente.]

T: ¿Vamos con eso? [MBL] Respira hondo. ¿Y ahora?

C: [Risas.] Todo bien. Estoy bien.

T: Vuelve a la experiencia difícil, y usando esa escala de cero a diez, donde diez es la máxima perturbación que puedes imaginar y cero es ninguna, ¿cuánta perturbación sientes ahora, cuando piensas en eso?

C: Ha bajado mucho, mucho. Cuatro. Hasta arriesgaría menos. [Risas.]

T: Entonces, ¿cuánto sería?

C: Dos.

T: ¿Qué es ese dos?

C: ¿Este dos? Falta algo... ¿Qué falta? Dije que estaba enyesada. Ah, falta desprenderme de lo que queda.

T: ¿Vamos con eso? [MBL] Respira hondo; exhala. ¿Y ahora?

C: ¡Es increíble! [Risas.] Es increíble, pero estoy bien. Es cero.

T: Es cero. Bien. Y cuando piensas en aquella imagen, ¿cambió algo? ¿Con aquella niña?

C: Ah, cambió, sí. Ahora ya no tiene importancia, o no tiene tanta importancia. Está allá, en el pasado. Al final de cuentas, tengo 50 y pico, ¿cierto? Es increíble. Ella se distanció mucho de mí.

T: ¿Vamos a dar una pasadita más?

C: Sí...

T: [MBL] Respira hondo. Exhala.

C: Me dan ganas de quedarme así, buscando tu dedito. [Risas. Se refiere a los dedos de la terapeuta que están haciendo el movimiento bilateral.] La sensación al final fue la emoción de la tristeza. De mirar y pensar en aquella escena... y sentir alivio. Ahora siento el corazón tranquilo. La tensión mejoró. Al inicio, parecía que los ojos iban más rápido. Parecían ojos ansiosos. Después me concentré en buscar tus dedos y logré acompañarlo mejor.

T: Y ahora cuando vuelves a la experiencia inicial difícil y piensas en la escala de cero a diez, donde diez es la máxima perturbación y cero es ninguna, ¿cuánta perturbación sientes ahora?

C: Cero. ¡Ya está tan lejos, tan lejos! [Risas.] Ya no tengo más esa edad. Está lejos. Puedo pasear por aquella sala. La niña está muy presente en esa sala. Y puedo simplemente pasar por al lado de ella. De vez en cuando, la maestra nos contaba historias. Había sido la maestra de mi madre y después fue mi maestra. Todavía vive. A veces, tenía ganas de encontrarme con ella, en un intento de restaurar que sé yo... Pero ahora ya no me hace falta más eso. No necesito más encontrarme con ella. No tengo que resolverlo a través de ella. Siento que está resuelto.

T: Está bien. Ahora piensa en el recuerdo difícil con el cual comenzamos.

C: OK.

T: Piensa en las palabras "Estoy libre". ¿Son esas las palabras que quieres reforzar? ¿Son válidas aún o hay otras palabras?

C: Quiero sacar "estoy", y poner "soy".

T: Entonces, piensa en esa experiencia inicial, piensa en las palabras "Soy libre" y en una escala de uno a siete, donde siete es completamente verdadero y uno es completamente falso, ¿cuán verdaderas sientes que son esas palabras, "Soy libre", ahora?

C: ¿De?

T: Uno a siete.

C: La sensación que tengo es que "la enyesada" está allá atrás, mirando hacia el presente. No puedo decir siete, porque la silla, el yeso, aún están ahí. Entonces me quedo pensando que no puedo decir siete por eso. Creo que falta que suceda algo. Es increíble cómo me siento.

T: OK. ¿Vamos con eso?

C: [Se emociona y llora durante los MBL.]

T: Voy a seguir [los movimientos bilaterales] en tus rodillas, ¿OK?

C: [Asiente.]

T: [MBL] Respira hondo; exhala.

C: Ahora aquella escena realmente me atrapó. Vino la emoción otra vez. Es así: *necesito, quiero, soy capaz de, voy a, necesito* levantarme de la silla. No tengo ganas de estar sentada aquí. [Risas.] No quiero más sillas en mi vida. [Risas.]

T: ¿Podemos seguir?

C: Podemos.

C: ¿Me permites levantarme?

T: ¡Por supuesto! Haz lo que tengas que hacer.

C: Necesito levantarme. [Rosana se levanta y da una vuelta alrededor de la silla.]

T: ¿Qué te está pasando?

C: ¡Rompí todas las cuerdas! [Risas.] Reventé todo. Ahora puedo sentarme en otro estado. Es como si las cuerdas hubieran hecho *puft*.

T: ¡Qué maravilla!

C: Me están pasando muchas cosas a nivel muscular. Hasta tuve fibromialgia, por cuenta de esto. No solo por esto, pero creo que tuvo que ver. Siempre fui muy suelta. Ahora es como si yo estuviese rescatando a esa niña.

T: [MBL]

C: Necesito soltar el cuerpo. [Risas.] Necesito estirarme. [Se estira en la silla.] Vinieron otras imágenes, cosas de mi educación, y ahí, otra vez [estruja las manos], ese sentimiento de estar enyesada. Pero parece que ahí se diluyó... Listo, ahora pasó.

T: OK.

C: Ahora volví al presente otra vez. Déjame ver la palabra... para ser fiel a lo que estoy sintiendo. Libertad, ¡por eso estoy aquí! [Risas.]

T: Sí.

C: Por eso volé, por eso quiero volar como ya lo he hecho. Es una victoria, una conquista. Pero quisiera... Ahora la sensación es de que todo se da vuelta hacia afuera... Todavía dependo de los otros para tener autorización para hacer algo.

T: Vamos con eso. [MBL]

C: La imagen. Es que sufrí tanto por aquello.

T: Entiendo. ¿Vemos cómo está ahora?

C: Sí.

T: ¿Ibas a decir algo?

C: No.

T: Vuelve a la experiencia inicial una vez más, y en una escala de cero a diez, donde diez es la máxima perturbación y cero ninguna, ¿cuánta perturbación sientes ahora cuando piensas en aquello?

C: Cero.

T: Y ahora cuando piensas en esa experiencia y en las palabras "Soy libre"...

C: Soy libre.

T: "Soy libre", de uno a siete, donde siete es completamente verdadero y uno es completamente falso, ¿cuán verdaderas sientes que son esas palabras ahora, cuando piensas en aquello?

C: ¿Siendo veraz? [Risas.]

T: Siendo veraz.

C: Ni es cuestión de ser veraz; es ser honesta. Creo que casi llegué.

T: ¿Qué número es "casi llegué"?

C: Seis.

T: OK. ¿Vamos a ver que llegues?

C: ¡Desde luego! [Risas.]

T: ¿Podemos seguir? [MBL]

C: Ah, cuando me preguntaste si tenía alguna otra cosa para contarle a ella... me vino ahora otra vez, pero con otra sensación... Creo que cuando fui allá a aquella escena donde estaba amarrada, no fue solo en el cuerpo. Pasé por muchas emociones y alegrías también. Y luego me puse un poco triste. De hecho, todavía estoy triste. Cuando llegué aquí, la sensación era esa. Cierta vez, con mi esposo... salimos juntos y yo estaba feliz. Después iba llegando a la casa y me fui poniendo triste. Tengo mucho de este movimiento: alegre/triste. Ahora lo asocié con la idea de estar toda amarrada. Ese día mi esposo me tocó en mi hombro, viendo que estaba triste, encerrada, con la cara seria. Me dijo: "¿Qué pasa? ¡Quiero ver a aquella otra!". [Risas.] Nunca me olvidé de esa escena, así que me surgió ahora. La sensación del pasado; porque después de esto no fue solo con la maestra. Estaba la historia de mi padre, que también la enclaustró a Rosana. Mirando eso ahora me vino todo eso; mi padre, mi esposo, triste, alegre, amarrada en todos los sentidos. Creo que necesito quedarme un poquito así, mirando esa historia.

T: ¿Podemos seguir?

C: Podemos.

T: [MBL]

C: Tengo que hacer movimientos corporales. Confieso que me da un poquito de miedo el futuro. ¿Seré capaz de lograrlo cien por cien? Ese uno por ciento es... [Asiente].

T: ¿Sí? [Risas.]

C: Sí. ¡Obvio! [Risas.] Desde luego. *¡Ya está, ¿no es cierto?!*

T: Entonces confirmémoslo. Vuelve a aquella escena inicial, piensa en las palabras "Soy libre". En una escala de uno a siete, donde siete es completamente verdadero y uno es completamente falso, ¿cuán verdaderas sientes que son esas palabras, "Soy libre", ahora, con relación a aquello?

C: Siete.

T: ¿Vamos a confirmarlo?

C: Adelante.

T: [MBL] Respira hondo.

C: Increíble, ni siento que necesite mis anteojos. [Risas.] Necesito sentir esa sensación buena un poquito más.

T: ¿Por qué solo un poquito más?

C: [Risas.] Porque tengo miedo de que esto termine, de que vaya a pasar.

T: Entiendo… ¿Como si fuese algo que *yo* hiciese en vez de ser una cosa que es tuya?

C: Confieso que tengo miedo de perder tus deditos. [Risas.]

T: [MBL]

C: Es mío, ¿no?

T: Sí. Eso es todo tuyo.

C: Sí. Necesito abrazarme. Creo que [asiente] tengo que hacer algo al menos muscular. [Rosana se levanta de la silla y se estira. Da una vuelta alrededor de la silla antes de volver a sentarse.]

T: OK. ¿Es un siete?

C: Estoy en siete.

T: Hagamos una cosita más: quiero que cierres los ojos un ratito, concéntrate en la experiencia difícil que estamos trabajando, piensa en las palabras positivas "Soy libre", y examina todo tu cuerpo para ver si hay alguna perturbación todavía.

C: No.

T: OK. Rosana, el reprocesamiento que nosotros hicimos hoy puede continuar después de la sesión. Puede ser que durante el resto del día o de la semana tengas nuevos *insights*, pensamientos, recuerdos o sueños. Si pasa eso, simplemente toma nota de lo que estás experimentando, de lo que ves, sientes, piensas, y fíjate en los disparadores. Puedes ir apuntando lo que te pasa y en las próximas sesiones podemos trabajar estos temas. Si necesitas algo, ponte en contacto conmigo. ¿Qué tal?

C: ¡Muy bien!

T: ¿Es todo tuyo?

C: Todo mío; todo mío.

T: Pues entonces, ¡felicitaciones! Porque, realmente, es todo tuyo.

C: ¡Gracias!

T: Yo te agradezco a ti la generosidad y la confianza de compartir esto con nosotros.

Miedo a la matemática: a vara y el pizarrón

La dificultad con la matemática parece ser algo muy común. Lamentablemente, muchas personas quedaron trabadas por experiencias difíciles vividas en la escuela. Este caso es bien típico de muchas experiencias que surgen en el consultorio.

Inicialmente, parece que la resolución de la primera experiencia que Lucy relata fue bastante fácil y muy rápida, algo que depende mucho de la forma de reprocesamiento de cada paciente. Muchas veces hay repetidas experiencias con la misma temática, y aquí tuvimos la oportunidad de trabajar otra experiencia escolar ligada al mismo tema. Cuando se estructura el plan de tratamiento inicial para el paciente, se organiza también la secuencia de objetivos. A pesar de que esa secuencia no fue estructurada en el comienzo de esa sesión, Lucy había comentado que había tenido muchas situaciones humillantes con el tema de la matemática. Por esa razón, una vez que se resolvió rápidamente la primera experiencia, y como había tiempo, pasamos a la segunda experiencia. De esa forma podemos ver en este relato el "hilo de la madeja" que tantas veces vincula recuerdos con la misma temática.

T: Entonces, Lucy, ya hemos establecido tu lugar seguro. [Se trata de un recurso positivo que se usa en la terapia EMDR en caso de que el paciente necesite descansar o parar antes de continuar el reprocesamiento.]

C: Sí.

T: Ya sabemos cuáles son los movimientos que te gustan. Ya conoces la señal de pare, para el caso de que necesites parar. Tu metáfora es la de la televisión. [Este es un recurso de distanciamiento, por si resulta necesario usarlo durante el reprocesamiento.] Entonces me gustaría saber qué te gustaría trabajar hoy. Me habías descrito una situación bien, bien delicada de cuando eras niña en la escuela. Quizás podrías contarme un poquito más sobre eso.

C: Bueno, me gustaría trabajar una situación que viví en la escuela primaria. Entre el primero año de la escuela y hasta el tercer año.

T: ¿Tenías cuántos años, más o menos?

C: Tenía siete años. Siempre fui muy alta, muy por encima de la estatura normal de los niños de siete años. Siempre me senté en la primera fila, porque mi padre era muy amigo del director del colegio donde estudiaba y amigo íntimo del maestro que me dio clases de matemática desde el primer año al tercero. Él insistía en que yo me sentase en la primera fila. Me hacía pasar al pizarrón, muy frecuentemente, para hacer ejercicios de matemática. Cuando me equivocaba, golpeaba una caña de pescar que tenía, bien grande, en el pizarrón y me llamaba por mi apellido. Decía así: "¡O-li-ve-ra! ¡Usted se equivocó! ¡Usted es una burra!". Me moría de vergüenza delante de mis compañeros.

Para colmo, yo me sentaba toda encorvada, porque el compañero que se sentaba atrás mío decía: "¡Eres una jirafa! ¡Eres muy grande! ¡Me estorbas! ¡Me impides ver el pizarrón!". No me cambiaban de asiento porque mi padre era amigo del director del colegio. Aquello me marcó profundamente durante esos tres años. Siempre estaba tensa durante la clase. No sabía nada de lo que hablaba el maestro. Solo aguardaba el momento en el que él me llamaba al pizarrón. Hoy tengo 48 años y no sé nada de matemática. En el tiempo cuando estudiaban mis hijos, fue mi esposo quien revisaba la materia con ellos durante los años escolares. Hoy ya están formados.

Tengo muchas ganas de aprender matemática. [Risas.] Creo que forma parte de la vida de las personas. Cuando hacía algún curso, como ese, pensaba: "Menos mal que la profesora no está diciendo nada sobre la desviación estándar!". [Risas.] No sé nada sobre esa cosas, porque todo tiene que ver con la matemática. A veces, cuando mis hijos me preguntaban algo, yo les decía: "Ah, a mí no me pregunten nada, ni dos más dos, porque yo no sé". Eso me vuelve a la mente muy seguido.

T: Bueno, vamos a trabajar esa experiencia entonces. Dime: cuando piensas en ese recuerdo, ¿cuál es la imagen o la foto que representa esa experiencia difícil? Si sacaras una foto y me la describieras, ¿cómo sería?

C: Ah, es la foto del maestro golpeando la vara en el pizarrón y diciéndome: "Olivera, usted es una burra".

T: Cuando piensas en ese recuerdo difícil, ¿cuáles son las palabras negativas que mejor describen lo que piensas sobre ti misma?

C: ¿Una palabra?

T: Una expresión. "Yo soy..."

C: Ah, me sentía insegura. Tenía miedo. Me sentía avergonzada, en presencia de todos los alumnos. Eran 40 alumnos en la sala.

T: ¿Pero cuál sería la expresión sobre ti misma? ¿"Soy burra", como dijo el maestro? ¿"Soy incapaz"?

C: Ah, sí. ¡"Soy burra en matemática"! ¡"Soy burra en matemática"!

T: Vamos a trabajar específicamente sobre esa escena.

C: Así es.

T: Entonces, esa sería la expresión para esa situación, ¿cierto? Y cuando piensas en ese recuerdo difícil, ¿cuáles son las palabras que describen mejor lo que te gustaría pensar sobre ti misma ahora, que fuesen positivas?

C: Ah, que cuando él me llamase al pizarrón yo hiciese todo el ejercicio y todo el mundo dijera: "¡Ah, qué inteligente es!".

T: ¿"Soy inteligente"?

C: Sí.

T: ¿Sería lo que te gustaría?

C: Así es.

T: Ahora, cuando piensas en ese recuerdo, en una escala de uno a siete, donde siete es completamente verdadero y uno es completamente falso, ¿cuán verdaderas sientes que son esas palabras positivas ahora, cuando piensas "Soy inteligente"?

C: Ah, uno. Uno o cero.

T: Cero no hay. De uno a siete.

C: Uno.

T: ¿No crees de ninguna manera que eres inteligente con relación a esto?

C: En la matemática, no.

T: Y cuando piensas en esa experiencia y en esas palabras negativas "Soy burra", ¿cuáles son las emociones que sientes ahora?

C: Inseguridad.

T: Y cuando piensas en esa experiencia difícil, ¿cuánta perturbación sientes ahora en una escala de cero a diez, donde diez es la máxima perturbación que puedes imaginar y cero es ninguna perturbación?

C: Siete.

T: ¿Y adónde sientes esa perturbación en tu cuerpo?

C: Aquí en mi corazón.

T: Vamos a comenzar el proceso de desensibilización. Recuerda la señal de pare, si necesitas parar en algún momento. Lo que vamos a hacer ahora es observar lo que estás experimentando durante el reprocesamiento. Necesito que me digas de vez en cuando lo que está sucediendo. A veces, las cosas van a cambiar, a veces no. Te voy a preguntar cómo te sientes en una escala de cero a diez, donde cero es ninguna perturbación y diez es la máxima perturbación que puedes imaginar. Algunas veces va a haber cambio y otras veces, no. Quizá yo te pregunte si surgió alguna otra cosa. A veces, pueden surgir y a veces, no. No existe una "manera correcta" de hacer las cosas en este proceso. Por eso, contesta de la manera más precisa posible sobre lo que esté sucediendo, sin juzgar si debería estar sucediendo así o no. Deja que pase lo que tenga que pasar. Vamos a hacer unos movimientos bilaterales y después hablaremos sobre lo que pasó. No necesito saber todos los mínimos detalles, pero me darás una idea básica si hubo cambios, sobre lo que surgió, si otras cosas aparecieron. ¿OK? ¿Podemos seguir?

C: Adelante.

T: Entonces, piensa en la imagen de ese recuerdo difícil, piensa en las palabras negativas, "Soy burra", localiza eso en tu cuerpo, y sigue mis movimientos. [MBL]

T: Respira hondo; exhala. Y ahora, ¿qué surgió?

C: Todo igual.

T: ¿Podemos seguir? [MBL] Respira. [Risas de la cliente.] ¿Qué pasó?

C: ¿Puedo decirlo?

T: Sí, desde luego. Cuenta.

C: Me vi haciendo los ejercicios de matemática. [Risas.]

T: ¿En serio?

C: Mi maestro ya no golpeó la vara en el pizarrón.

T: ¿En serio? Muy bien. ¿Vamos con eso?

C: Adelante.

T: [MBL] Respira hondo, exhala. ¿Y ahora?

C: Fue muy bueno. Todos se levantaron, me aplaudieron, logré hacer el ejercicio y mi maestro me abrazó.

T: Ah, qué bonito. Lindo. Entonces, Lucy, volviendo a experiencia difícil inicial y utilizando la escala de cero a diez, donde cero es ninguna perturbación y diez es la máxima perturbación que puedas imaginar, ¿cuánta perturbación sientes ahora?

C: Ya no logro más ver al maestro golpeando la vara en el pizarrón.

T: Muy bien.

C: Solo lo veo a él sonriendo y viniendo a abrazarme.

T: ¡Qué bueno!

C: Creo que cero. Un cero... o uno.

T: ¿Cero o uno? Esta escala va de cero a diez. ¿Es cero o es uno?

C: Cero.

T: Cero es ninguna perturbación.

C: Así es.

T: ¿Es así que lo percibes?

C: Sí.

T: Muy bien. Ahora, cuando vuelves a pensar en ese recuerdo difícil, esas palabras, "Soy inteligente", ¿aún son válidas? ¿Aún resuenan con lo que sientes con relación a la experiencia o hay otras palabras que te gustaría usar?

C: ¿Que sean positivas?

T: Sí.

C: No. Creo que es "Soy inteligente".

T: Muy bien. Piensa en esa experiencia inicial y en las palabras "Soy inteligente". En una escala de uno a siete, donde siete es completamente verdadero y uno es completamente falso, ¿cuán verdaderas sientes que son esas palabras positivas ahora?

C: Siete.

T: ¿En serio?

C: Sí.

T: Entonces, quiero que pienses en esa experiencia difícil, piensa en las palabras "Soy inteligente" y sigue mis movimientos.

C: Bien.

T: [MBL] Respira hondo.

C: [La cliente bate palmas y se ríe.] ¡Soy inteligente! Logré hacer todo.

T: ¡¿En serio?!

C: Fue muy lindo.

T: ¡Qué fantástico! ¿Lograste ir al pizarrón y hacer todos los ejercicios?

C: Fui y los hice todos. Y no estaba encogida. Estaba bien estirada.

T: ¿No importaba la altura?

C: No.

T: Bueno, ahora una vez más, en una escala de uno a siete, donde siete es completamente verdadero y uno es completamente falso, ¿cuán verdaderas sientes que son esas palabras, "Soy inteligente"?

C: Siete.

T: Bien, ahora cierra los ojos un momentito, concéntrate en la experiencia difícil que acabamos de trabajar y escanea tu cuerpo. Fíjate si todavía hay alguna perturbación en tu cuerpo o si está todo resuelto.

C: Ah, mi corazón ya no late muy rápido.

T: ¿Sientes alguna perturbación?

C: No.

T: Lucy, el reprocesamiento que hicimos hoy puede seguir aun después de la sesión. Puede ser que durante el resto del día o de la semana, tengas nuevos *insights*, pensamientos, recuerdos, o sueños. Si pasa eso, simplemente toma nota de lo que estás experimentando: de lo que ves, sientes y piensas. Está atenta a los disparadores. Si quieres, puedes ir anotando en un cuaderno. Si pasa algo más serio, me llamas por teléfono.

Ahora, dime una cosa: todavía queda tiempo de nuestra sesión y pensé que podíamos trabajar otro de tus recuerdos que te molestan vinculados a esa tema. ¿Recuerdas otras situaciones en tu pasado, parecidas a esas que te enojaron? ¿Con relación al aprendizaje de la matemática?

C: Sí, recuerdo.

T: ¿Qué te pasó?

C: Fue en octavo grado. Saqué *dos* en la prueba de matemática. Fue la peor nota que me saqué en toda la vida. Cuando llegué a casa mi papá me pegó mucho, diciendo que había gastado un montón de plata en profesores particulares y, por lo tanto, tendría que haber sacado por lo menos un ocho en la prueba.

T: ¿Cuántos años tenías?

C: Tenía trece, casi catorce años.

T: Entiendo. Y cuando piensas en esa experiencia ahora, ¿cuáles son las palabras negativas que piensas con respecto a ti misma?

C: Ah, mi padre decía siempre: "Nunca vas a llegar a ser nada. No vas a lograr nada en la vida. Eres burra. No estudias. Mira a tu hermano, qué inteligente es. Siempre se saca diez en matemática. Contigo, ya gasté un montón de plata en profesores particulares en matemática y aun así, no logras aprender".

T: Entonces, ¿cuál sería la creencia negativa? ¿Sería "Soy burra"? ¿"Soy incapaz"?

C: Que yo no voy a llegar a nada; que soy incapaz.

T: ¿Cuál es la mejor? ¿"No voy a llegar a nada" o "Soy incapaz"?

C: "No voy a llegar a nada".

T: Y pensando en esa experiencia difícil que estás describiendo, ¿cuáles son las palabras que mejor describen qué te gustaría pensar respecto de ti misma, que fuesen positivas?

C: ¿Una palabra?

T: Una expresión; una creencia positiva, que te gustaría pensar sobre ti misma. En lugar de pensar, "No voy a llegar a nada", ¿qué te gustaría pensar respecto de ti misma que fuese positivo?

C: Ah, que aun a escondidas, aun en secreto, pudiese ayudar a muchas personas a que sean felices.

T: ¿Cómo podríamos explicar y decir eso en una expresión? ¿"Soy capaz"? ¿"Puedo ayudar a los demás"? ¿"Sí, puedo"? ¿"Soy alguien"? ¿"Soy alguien importante"?

C: "Soy alguien para alguien".

T: OK. Y cuando piensas en esa situación con tu padre y piensas en las palabras positivas "Soy alguien para alguien", en una escala de uno a siete, donde siete es completamente verdadero y uno completamente falso, ¿cuán verdaderas sientes que son esas palabras, "Soy alguien para alguien", con relación a eso ahora?

C: Tres.

T: Y cuando piensas en la experiencia con tu padre, y piensas en las palabras negativas, "No voy a llegar a nada", ¿qué emociones surgen ahora?

C: Una insatisfacción enorme; muchas ganas de agradar a mi padre; un deseo de corresponder a las expectativas de él.

T: ¿Y cuáles son las emociones que sientes cuando él te dice todas estas cosas?

C: Ira.

T: Y cuando piensas en esa experiencia difícil, ¿cuánta perturbación sientes ahora en una escala de cero a diez, donde diez es la máxima perturbación que puedes imaginar y cero es ninguna?

C: Cinco.

T: ¿Y en dónde lo sientes en tu cuerpo?

C: Aquí también. [Señala en dirección al corazón.]

T: Entonces, quiero que vuelvas a pensar en esa experiencia difícil, piensa en las palabras "No voy a llegar a nada", localiza eso en tu cuerpo y sigue mis movimientos. [MBL] Respira hondo. ¿Qué surgió ahora?

C: Nada; solo mi corazón latiendo, solo eso.

T: ¿Qué significa ese corazón latiendo?

C: Miedo.

T: ¿Vamos con eso? [MBL] Respira. ¿Y ahora?

C: Creo que es ansiedad... No sé.

T: ¿Podemos seguir? [MBL] Respira hondo; exhala. ¿Y ahora?

C: [La cliente habla como si estuviese conversando con su padre en la escena.] "Mira, Papá, realmente me saqué un dos, pero voy a aprender. Algún día lo voy a aprender".

T: ¿Podemos seguir? [MBL] Respira hondo.

C: "¡Me saqué una ocho, Papá!" [Risas.] Vi el número ocho en un rincón de la prueba.

T: ¿En serio?

C: En rojo.

T: ¡Mira, qué bueno! ¿Podemos seguir un poquito más? [MBL] Respira, exhala. ¿Y ahora?

C: Vi a la profesora López, entregándome la prueba. Era mi profesora de matemática en octavo grado. Me saqué un nueve y medio y ella me estaba felicitando. La profesora López, la maestra... Sabes, ella era un hombre, con botas y todo, porque ella era granjera. Solo andaba en una camioneta y estaba siempre con botas, cola de caballo y un sombrero. Ella me entregó mi prueba con la nota de nueve y medio.

T: ¡¡¡Wow!!!

C: ¿Por qué será que las imágenes, las personas que más me marcaron eran hombres o tenían imagen de hombre? La profesora López era homosexual. En aquel entonces no se hablaba de esas cosas, pero todo el mundo cuchicheaba en los pasillos. Ella me entregó la prueba, y después me llevó a la oficina de la directora porque mi padre fue allá a ver la prueba. Ella le entregó la prueba a él, en sus manos.

T: Vamos a volver a la experiencia difícil y utilizando la escala de cero a diez, donde diez es la máxima perturbación que puedas imaginar, y cero es ninguna, ¿cuánta perturbación sientes ahora cuando piensas en aquello?

C: No, ninguna.

T: Cuando piensas en ese segundo recuerdo que estamos trabajando con tu padre, y piensas en las palabras "Soy alguien para alguien"... ¿esas palabras aún son válidas o te gustaría instalar otra palabra?

C: "Tengo importancia para alguien".

T: "Tengo importancia". Entonces piensa en la experiencia inicial, en esas palabras, "Tengo importancia para alguien", y en una escala de uno a siete, donde siete es completamente verdadero y uno es completamente falso, ¿cuánto sientes que esas palabras positivas son verdaderas ahora?

C: Siete.

T: Entonces piensa en esa experiencia difícil, piensa en las palabras "Tengo importancia para alguien", y sigue mis movimientos.

C: Repita lo que dijo.

T: Piensa en la experiencia difícil, en aquella con tu padre.

C: ¿Cuando me saqué la nota dos?

T: Sí. Y piensa en las palabras "Tengo importancia para alguien". Junta esas dos cosas.

C: Correcto.

T: Y sigue mis movimientos. [MBL] Respira hondo.

C: El dos ya no tiene importancia ahora, porque hay gente llamándome [risas] para que vaya a trabajar para ellos.

T: Muy bien, cuando piensas en esa experiencia difícil con tu padre, en una escala de cero a diez, donde diez es la máxima perturbación y cero ninguna, ¿continúa en cero?

C: Sí.

T: Y cuando piensas en las palabras "Tengo importancia para alguien", en una escala de uno a siete.

C: Siete.

T: Siete es completamente verdadero y uno es completamente falso.

C: Continúa en siete.

T: Muy bien. Ahora piensa en esa experiencia difícil, piensa en las palabras "Tengo importancia para alguien" y dale una escaneada a tu cuerpo y fíjate si hay algún lugar en el que sientas alguna perturbación.

C: No.

T: Entonces, Lucy, una vez más, quisiera recordarte que el procesamiento puede continuar después de nuestra sesión.

Quisiera preguntarle una cosa, por curiosidad. Ahora, cuando piensas en aprender matemática, ¿cuánto crees que es posible?

C: Sé que lo puedo lograr.

T: Si hablo de desviación estándar, ¿ya no temblarías?

C: No.

T: ¿Vas a aprender hasta estadística?

C: Así es.

T: ¿Y cuando te imaginas yendo a clases?

C: Me imagino haciendo cuentas, cuentas enormes, de aquellas que ocupan dos páginas de resolución.

T: Excelente. Muchas gracias. Te agradezco tu tiempo y disponibilidad en ayudarnos. Fue muy lindo trabajar contigo.

C: Gracias.

Varios años después de esa sesión, le escribí a Lucy, preguntándole cómo estaba con relación a su dificultad con la matemática. Cuando salió de la sesión de terapia EMDR, había dicho, medio en serio, medio de chiste, que se iba a inscribir en una escuela especializada en matemática para poder empezar a aprender aunque fuesen las cuatros operaciones, ya que ni eso sabía. Esto es lo que me contestó:

Esly, voy a ser bien sincera contigo. Cuando me acordaba de aquel maestro, tenía mucho enojo hacia él; pero después de la sesión, el enojo acabó. ¡Hasta puedo enseñar matemática en el consultorio para adolescentes! ¡Ayudo a mi nieto con la tarea de matemática! ¡Valió la pena!

Desenmarañar

T: ¿Qué vamos a trabajar, entonces?

C: Es una ansiedad que siento cuando alguien me aborda con algún tema sobre el que sé poco o que no estaba esperando. Aun cuando sepa algo acerca del tema, siento que tengo la cabeza enmarañada.

T: Entiendo.

C: Parece que todas las palabras se enmarañan y no consigo encontrar las respuestas adecuadas.

T: ¿Y recuerdas cuándo es que empezaste a sentir eso?

C: Mira, pude hacer algunas asociaciones. Tuve mucha dificultad para aprender las tablas en matemática; hasta el día de hoy no las sé. Necesito contar con los dedos y usar otros recursos, pero las tablas fueron siempre un drama en mi vida. Toda la escuela primaria fue bien complicada, con el tema de las tablas. Recuerdo, cuando estaba en segundo grado, que la maestra nos tomaba las tablas. Pero las tomaba de sorpresa y eso me producía una cosa fea, porque nunca sabía si me iba a llamar o no. Sabía que no había logrado fijar aquel contenido. Entonces para mí era cuestión de memorizarlas, sin comprender qué pasaba conmigo. Cuando era niña, parecía que los números de las tablas se me mezclaban. Había un montón de números bailándome en la cabeza y no lograba contestar. Segundo y tercer grado fue un período bien complicado para mí con relación a la matemática. No tenía problemas con lo demás, ¡pero con la matemática...!

Recuerdo una situación cuando estaba en esa etapa, que ella me llamó al pizarrón para resolver una cuenta. Era una cuenta bien sencilla. Si hubiera podido mantener la calma, creo que habría podido resolverla, pero el hecho de que ella me llamara al pizarrón hizo que los números se embarullasen. Yo ya no sabía si la cuenta era de sumar, dividir, o de multiplicar. Ya no veía nada. Una vez, pasé al pizarrón y me quedé allí parada, sin saber qué hacer. Escribí cualquier número, porque no lograba pensar. En verdad, creo que es esa la cuestión. Las personas que me toman por sorpresa... y ya no logro pensar. Parece que pierdo la cabeza, y se me va todo aquí al estómago. Simplemente no podía hacer aquella cuenta. No la hice bien y la maestra me agarró por la cola de caballo y me levantó del suelo. Me sentí muy avergonzada delante de mis amigos y compañeros. Aquello fue realmente malo, porque ya había pasado otras veces, que ella tomara las tablas de sorpresa, y yo no había podido aprenderlas.

T: Entonces, tenemos un incidente claro. ¿Cuántos años tenías ese día que la maestra te agarró por el cabello?

C: Creo que unos ocho años. Fue en segundo grado.

T: Y cuando piensas en esa imagen, ¿qué palabras negativas expresan lo que piensas sobre ti misma ahora?

C: Ah, creo que es vergüenza y confusión. Me sentí muy confundida.

T: ¿Qué dirías de una persona que tiene vergüenza? ¿Que es vergonzosa? ¿Que tiene confusión?

C: Ah, creo que todo esto es complicado, muy complicado.

T: ¿Una persona complicada?

C: Son situaciones complicadas.

T: ¿Pero qué piensas de ti misma? Estás allá, delante del pizarrón, avergonzada, estás sintiendo todo esto que me describes.

C: Creo que es miedo.

T: Miedo.

C: Miedo de no lograr hacerlo.

T: ¿Pero qué es lo que *piensas*? Estás describiendo lo que sientes. ¿Qué piensas sobre ti misma que sea negativo? ¿"Soy burra"? ¿"Soy incapaz"? ¿"No puedo"?

C: Creo que incapaz. "Soy incapaz".

T: Y si yo tuviese una varita mágica y pudiese resolver todo eso, ¿qué te gustaría pensar sobre ti misma que fuese positivo con relación a esto?

C: ¿Ah, pensar una cosa positiva con relación a esto?

T: Sí, sobre ti misma.

C: Quisiera tener la claridad mental de decir: "Esto lo sé, esto no lo sé". Hoy, cuando ocurren estos momentos inesperados — porque esto me pasa en general cuando me toman de sorpresa—, sé que sé, pero no logro organizar mis ideas. Sé que lo sé, pero las palabras se mezclan, las ideas se me enmarañan.

T: ¿Cómo se podría decir esto? ¿"Puedo pensar con claridad"? ¿"Soy capaz"? ¿"Sí, puedo"?

C: Creo que hoy mi mayor deseo es "Puedo pensar con claridad".

T: Muy bien. Y cuando piensas en aquella imagen que me describiste, ¿cuán verdaderas sientes que son esas palabras positivas, "Puedo pensar con claridad", en una escala de uno a siete, donde uno se siente como completamente falso y siete como completamente verdadero?

C: ¿Para aquel período?

T: Para aquella situación.

C: Ah, creo que para aquel día, está en cero.

T: El número más bajo aquí es el uno.

C: Es negativo, extremadamente negativo.

T: Completamente falso. "No soy capaz, no logro pensar con claridad". Dijiste que cuando piensas en esa imagen, sientes mucha vergüenza y confusión. Hablaste de miedo. ¿Cuáles son las emociones que sientes cuando piensas en aquello? ¿Es eso? ¿Vergüenza, confusión, miedo?

C: Sí.

T: Y en una escala de cero a diez, donde diez es la máxima perturbación que puedes imaginar y cero es ninguna perturbación, ¿cuánta perturbación sientes ahora, cuando piensas en aquello?

C: ¿Cuando pienso en aquella imagen?

T: Sí.

C: Hoy no me molesta tanto aquella imagen de la maestra jalándome, suspendiéndome en el aire por los cabellos. No me molesta tanto. Diría un cuatro, pero la confusión es muy fuerte aún hoy.

T: ¿Cuánto sería la confusión?

C: Ah, la confusión es de ocho o nueve.

T: ¿Y adónde en tu cuerpo sientes esas cosas?

C: ¿La confusión? En la cabeza.

T: ¿Y esta situación que estamos trabajando?

C: Ah, en el pecho.

T: Entonces quiero que pienses en esa imagen difícil que acabas de describirme con la maestra, visualízate allá en el pizarrón, piensa en las palabras negativas "Soy incapaz", siente eso en tu cuerpo y sigue mis movimientos. [MBL] ¿Qué pasó? [La terapeuta percibe que algo ha ocurrido con la cliente e interrumpe los movimientos.]

C: Un dolor en el pecho.

T: ¿Podemos seguir?

C: [Asiente.]

T: Piensa en eso. Recuerda que siempre puedes pedirme que paremos. [MBL]

C: Lo que surgió fue "¿Por qué esto solo me pasa a mí?". Yo me sentía muy diferente a todos los demás. Creía que esto solo me pasaba a mí.

T: ¿Podemos seguir? [MBL] Respira hondo; exhala. ¿Y ahora?

C: Creo que siento más ligero el cuerpo.

T: ¿Seguimos?

C: Sí.

T: [MBL] Respira hondo. ¿Cómo estás ahora?

C: Estoy sintiéndome más integrada con el cuerpo físico.

T: Bien, cuando piensas en esa experiencia difícil con la cual comenzamos, en una escala de cero a diez, donde diez es la máxima perturbación que puedas imaginar y cero es ninguna, ¿cuánta perturbación sientes ahora?

C: Creo que cinco.

T: ¿Qué es ese cinco?

C: Ese cinco... creo que aún existe algo. Yo misma necesito estar más segura de que es más fácil para mí.

T: Piensa en ello. [MBL] Respira hondo. ¿Y ahora?

C: Creo que bajó a tres.

T: ¿Qué es ese tres?

C: Aún existe un miedo de no lograr organizar mis pensamientos. Tengo esa preocupación de no poder hacerlo.

T: Entonces concéntrate en ello y vamos con eso.

C: Sí.

T: [MBL] ¿Y ahora?

C: Está en dos.

T: ¿Qué es el dos?

C: Aún tengo la preocupación de que las cosas... ¿se volverán a enmarañar otra vez? Pero ya logro pensar con más claridad.

T: ¿Podemos seguir? [MBL] Respira hondo. ¿Y ahora?

C: Creo que está en uno.

T: ¿Y qué es el uno?

C: Creo que es la preocupación de no recordar algunas cosas, pero parece que la organización está mejor.

T: [MBL] Respira hondo. ¿Y ahora?

C: Creo que estoy en cero.

T: ¿Creo?

C: Sí.

T: ¡Qué bueno! Vuelve a la imagen original. ¿Cambió algo?

C: Cambió.

T: ¿Qué ha cambiado?

C: Parece que el recuerdo se abrió. Se cerró la cortina sobre la escena. Sé que está allí, pero ya no hay bultos detrás de esa cortina. No es algo claro, tan visible, identificado.

T: [MBL] Respira hondo. ¿Y ahora?

C: Se limpió.

T: ¿Se limpió?

C: Sí.

T: ¿Y cuando piensas en esa experiencia ahora, de cero a diez, donde diez es la máxima perturbación y cero ninguna?

C: Aquella experiencia ya no me molesta.

T: Entonces ahora cuando piensas en ese recuerdo difícil, y piensas en las palabras "Puedo pensar con claridad", en una escala de uno a siete, donde siete es completamente verdadero y uno, completamente falso, ¿cuán verdaderas sientes que son esas palabras ahora?

C: ¿En este momento?

T: En este momento.

C: Siento que es un siete.

T: Ahora quiero que pienses en aquel incidente con la maestra, piensa en las palabras positivas, "Puedo pensar con claridad", y sigue mis movimientos. [MBL] Respira. ¿Y ahora?

C: [Asiente.]

T: ¿Qué significa eso?

C: Puedo pensar con claridad.

T: ¡Qué bueno! ¿Un siete poderoso?

C: Sí.

T: Entonces, una vez más. Vuelve al evento, piensa en las palabras "Puedo pensar con claridad". ¿Estás bien?

C: Sí.

T: ¿Un siete poderoso?

C: Un siete poderoso.

T: Entonces, ahora, cierra los ojos un ratito, concéntrate en aquel incidente con el cual empezamos, piensa en las palabras positivas "Puedo pensar con claridad", y mentalmente examina todo tu cuerpo, de la cabeza a los pies, y dime si tienes alguna perturbación.

C: No.

T: Excelente. Como sabes, el procesamiento que hicimos hoy puede seguir después de la sesión.

C: Sí, si hay alguna dificultad, le llamo.

T: Solo por curiosidad, ahora, cuando piensas en alguna de esas cosas que hacían que sintieras la cabeza enmarañada, ¿cómo te sientes ahora?

C: No me perturba más esa cuestión del enmarañamiento. Es gracioso, que ahora no me preocupa más. Pero creo que recién voy a estar segura cuando me enfrente a otra situación parecida y compruebe que realmente se acabó. Aún me siento insegura.

T: ¿Cómo es esa inseguridad? ¿Quieres que lo trabajemos un ratito más?

C: Sí, desde luego.

T: OK. [MBL] Respira hondo. ¿Y ahora? ¿Qué pasó? [La cliente tuvo una reacción.]

C: [Risas.] Estoy más tranquila. Creo que es solo un puntito.

T: ¿Un puntito?

C: Es un puntito.

T: De cero a diez, ¿cuánto te perturba ahora, diez es el máximo y cero es nada?

C: ¿La inseguridad?

T: La inseguridad en el presente, ahora. Diez es el máximo y cero es nada.

C: Creo que está en cero.

T: ¿Está en cero?

C: Sí, en cero.

T: ¿Y cuando te proyectas en el futuro, y piensas en alguna situación como las que a veces te ocurrían y te sentías enmarañada?

C: Lo que quiero para el futuro es tener claridad.

T: ¿Te ves con claridad o no?

C: Me veo. Sí.

T: ¿Cómo te ves?

C: Es la claridad de saber que hay cosas que recuerdo y cosas que no recuerdo. Es la claridad de saber que si no recuerdo, no es porque esté todo enmarañado, o que las palabras se mezclan. Es simplemente porque se trata de un recuerdo muy antiguo que ya ha perdido nitidez. [Risas.]

T: ¡Muy bien!

C: Perdió nitidez. No es que las cosas estén enmarañadas. Las cosas que recuerdo vienen de forma clara, como en un texto claro; recuerdo y comprendo, al repasarlo.

T: Es eso: ¡ese es el futuro que te espera! [Risas.] Quiero agradecerte mucho. Fue un privilegio trabajar contigo. Fue muy bonito tu trabajo. Creo que nos ayuda mucho a entender cómo funciona la terapia EMDR. Recuerda que estas cosas pueden continuar reprocesándose durante la semana. Si surge algún problema, me llamas.

Una de las cosas interesantes en esta sesión fue que pudimos proponerle a la cliente que se visualizase en el futuro. El protocolo de tres etapas identifica el trabajo de reprocesamiento que es necesario realizar con relación a los recuerdos del pasado, los disparadores en el presente y, una vez resuelto el objetivo propuesto, una proyección positiva para el futuro. Aquí, como el reprocesamiento fue relativamente rápido, se pudo hacer la proyección hacia el futuro, donde la cliente tuvo la oportunidad de "verse" alcanzando el futuro deseado. Lo que queremos es que la persona sea capaz de verse haciendo aquello que antes estaba fuera de su alcance, haciéndolo de una forma adecuada y funcional.

Mi primer beso

La iniciación a la vida romántica no siempre arranca bien. Clara comparte aquí con nosotros las dificultades que enfrentó. Es interesante notar que a veces las reacciones de los padres marcan más de lo que lo hacen las experiencias difíciles en sí.

Una de las cosas bonitas de la terapia EMDR es la forma en que protege al cliente. Hay situaciones en las que las personas tienen vergüenza o dificultad para contar los mínimos detalles de lo que pasó. Con este tipo de terapia no es necesario decir todo lo que está pasando por la cabeza. Lo importante es que el cliente esté pensando en "aquello" durante los movimientos bilaterales, ya que es así como el cerebro puede localizar el archivo cerebral para la subsiguiente desensibilización y reprocesamiento.

También vemos en el caso de Clara cómo algo que le venía limitando tanto desde su adolescencia se resolvió en menos de una hora. Fue una sesión muy conmovedora, delicada y sagrada.

T: Bueno, Clara, ¿cuál es el tema que quieres trabajar hoy?

C: Vamos directo a la escena. Terminé mi última relación amorosa al final de 2007, y no ha pasado nada más. Todo es bien complicado. Entonces, la escena que quiero trabajar es la escena de mi primer beso. Tenía unos once o doce años. Fue así:

Era aún bien niña. Jugaba en la calle, y era bien infantil todavía. Estaba recién empezando a despertar a la cuestión del interés por los varones. Estaba todo bien al inicio. Me gustaba jugar, pero en mi grupo de amigas, la mayoría ya había besado o estado con los chicos, cosas así. Yo estaba súper tranquila así como estaba. Recién estaba empezando a sentir algún tipo de atracción por un chico que conocía, que era de mi ciudad. Tenía una amiga que quizá tuviese algún problema con el hecho de yo no haber tenido aún esa experiencia [de besar a un chico]. En confianza, le conté sobre aquellos primeros sentimientos muy nuevos para mí, y ella aprovechó esa información para decírselo al chico. Entonces ella me dijo que estuviera en tal lugar, en determinado momento, para encontrarme con ella, para hacer algún programa que tenía que ver con un deporte que me gustaba bastante en esa época. Pero en lugar de encontrarla a ella cuando llegué a ese lugar, estaba esperándome este niño. No tuve los recursos para hacer nada. Él se me acercó, me abrazó y comenzó a besarme. Me quedé helada. No me lo estaba esperando. Me congelé, y permanecí congelada todo el tiempo. No logré tener ninguna reacción ni ponerle límites. Esa escena por sí sola ya fue horrible. Me quedé allí hasta que él me dijo: "Bueno, ahora vete a tu casa. Nos vemos más tarde". Para él estaba todo muy bien. Ni siquiera había percibido que yo estaba horrorizada. Yo solo quería volver a mi casa. Recuerdo que estaba lloviendo, y yo estaba con un paraguas todo el tiempo.

Si hubiese podido matarme en aquel momento, lo habría hecho, de tan mal que me estaba sintiendo. Me sobrepuse lo suficiente como para no salir gritando por la calle. Al fin, llegué a mi casa. Creo que pasé unas dos horas bañándome. Lo único que me pasaba por la cabeza era: "Es el fin, es el fin". El día acabó así. Una parte mía se había muerto, ¿sabes? Lloré incontrolablemente.

Calculé más o menos la hora a la que mi madre y mi padre llegarían a casa del trabajo. No quería que me viesen así. Me encerré en mi cuarto. Pero lloraba mucho e incontrolablemente. Mis padres me oyeron. Se preocuparon y yo me sentí muy avergonzada. No quería abrir la puerta. No quería que me viesen de aquella manera. Tenía el rostro muy hinchado. Mi madre insistió tanto que llegó un momento en que tuve que abrirle la puerta. Ella me vio con la cara enorme, hinchada de tanto llorar y que yo no lograba controlarme. Cuando la vi, me desesperé aún más. Pasó un largo rato antes de que lograse contarle lo que había pasado; pero, por el estado en que me veía, ella no creyó que hubiese sido apenas eso. Se quedó muy, pero muy preocupada. Perdió completamente la racionalidad. Me llevó a su cuarto.

Todavía veo esa escena en todo detalle. Le pidió a mi padre que saliera. Yo ya estaba en piyama. Me quitó el pantalón del piyama y la ropa interior, y me separó las piernas para ver si había sido violada. ¡Claro que no era eso lo que había pasado! Pero si había alguna parte mía que todavía no se había congelado, en aquel momento se terminó de congelar.

T: ¡Ay, qué difícil! ¿Con cuál de las dos escenas quieres comenzar?

C: No sé. Ya trabajé sobre esta historia de varias maneras. Me parece que ese momento con el niño es peor. Los recuerdos peores tienen que ver con mi amiga, porque no fue hasta más tarde que supe que ella había preparado todo. Hasta entonces me echaba la culpa a mí misma. También la parte de mi madre... Creo que la parte de mi madre.

T: ¿Entonces comenzamos con la escena de tu madre o la del niño? Mira, dijiste que te quedaste congelada cuando se te acercó el niño y lo que todavía faltaba congelar, se congeló con tu madre.

C: Sí. Es peor lo de mi madre.

T: Bueno, entonces, cuando piensas en esa imagen, de tu madre en el cuarto examinándote, ¿sería eso?

C: Sí.

T: Cuando piensas en eso, ¿qué piensas sobre ti misma que sea negativo, falso e irracional?

C: No sé muy bien ponerlo en palabras, pero es algo tipo "Estropeé todo, hice algo muy malo".

T: "Estropeé mi vida". ¿"Mi vida está arruinada"?

C: Arruinada.

T: ¿Está arruinada para siempre?

C: "No valgo nada".

T: "No valgo nada".

C: Desde ese momento, no valgo nada.

T: OK. ¿Sería eso? "No valgo nada".

C: [Asiente.] Puedo dejarlo como "Mi vida está arruinada", porque eso es lo que creo.

T: Tú eliges.

C: Es eso, entonces.

T: OK. "Mi vida está arruinada". Si yo tuviese una varita mágica que pudiese ayudarte a transformar esto en algo positivo, ¿qué te gustaría pensar sobre ti misma que fuese positivo?

C: Algo así como "Aún puedo tener una buena relación".

T: OK. "Puedo tener una buena relación". Y cuando piensas en ese recuerdo difícil, en una escala de uno a siete, siete es completamente verdadero y uno es completamente falso, ¿cuán verdaderas sientes que son esas palabras positivas, "Puedo tener una buena relación", ahora?

C: Dos.

T: Y cuando piensas en esa experiencia difícil y piensas en las palabras negativas, "Mi vida está arruinada", ¿cuáles son las emociones que te surgen?

C: Tristeza, ira, porque me acuerdo de mi amiga. Asco, asco, mucho asco por mí, asco por el chico; ira con mi madre, porque no tuvo más habilidad en el trato con su hija.

T: OK. Y cuando piensas en esa experiencia difícil, ¿cuánta perturbación sientes ahora, en una escala de cero a diez, donde diez es la máxima perturbación que puedes imaginar en la vida y cero es ninguna perturbación?

C: Ha llegado a diez, pero pensándolo ahora, creo que es nueve.

T: ¿Y dónde sientes esa perturbación en tu cuerpo?

C: Un sofocamiento en las vías respiratorias, en el pecho, muy oprimido. Va y viene, como una sensación de malestar en el estómago. En varias situaciones, he tenido mucho miedo de vomitar.

T: Bueno, Clara, quiero que mantengas en tu mente algunos de los pensamientos perturbadores y acompañes los movimientos bilaterales visuales en silencio. Voy a hacer esto por un tiempo, y después, voy a parar. Simplemente me dirás lo que estás experimentando; qué te está surgiendo. A veces, las cosas van a cambiar y a veces, no. No existe una "manera correcta" de hacer todo esto. Simplemente contesta de la mejor manera que puedas sobre lo que te esté pasando, sin juzgar si debería estar pasando así o no. Deja que suceda lo que tenga que suceder. Voy a hacer algunos movimientos y después vamos hablando sobre lo que surgió. ¿Está bien?

C: [Asiente.]

T: ¿Alguna duda?

C: No.

T: Entonces, vuelve a pensar en aquella imagen de esa experiencia difícil con tu madre. Piensa en las palabras negativas, "Mi vida está arruinada", fíjate dónde lo sientes en tu cuerpo y sigue mis movimientos. [MBL] Respira, exhala. ¿Y ahora?

C: Volvió... [La cliente llora.]

T: ¿Podemos seguir? Recuerda que puedes pedirme que pare en cualquier momento, ¿OK?

C: Sí.

T: Recuerda que son cosas viejas. Simplemente míralas y déjalas ir. [MBL] Así es. [MBL] Respira hondo. Exhala.

C: Me vino la escena de mi nacimiento y aspectos muy buenos de la maternidad de mi madre... pero hay algo raro...

T: ¿Podemos seguir?

C: [Asiente.]

T: [MBL] Respira hondo.

C: Miré la escena y esta vez no lloré ni sentí desesperación.

T: Bien, y ahora cuando miras esa escena, en una escala de cero a diez, donde diez es la máxima perturbación y cero es ninguna, ¿cuánto te molesta ahora?

C: Seis.

T: ¿Qué es ese seis?

C: Creo que es aceptar que así fue.

T: OK. Sigamos. [MBL]

C: Inicialmente, me vino una tristeza, pero después fue empezando a aparecer una sensación de "llenamiento". Un calorcito.

T: Vamos con eso. [MBL]

C: Empezaron a surgir sentimientos muy buenos hacia mí misma, pero inmediatamente me vino un miedo muy grande de mostrarlos.

T: Vamos con eso. [MBL]

C: No hace más que aumentar. Hay momentos que me viene esta frase: "Ya no necesitas guardar tantas cosas buenas que tienes adentro tuyo; no necesitas ser tan mala contigo misma". Ya no necesito tener miedo.

T: Así es. [MBL]

C: Ay, ay, otra vez me vino la escena de mi nacimiento, de mi llegada ¡y hay mucho amor! Parece que casi puedo ver cómo se desborda el amor.

T: ¡Ah, qué lindo!

C: Estoy conmovida.

T: ¡Ah, qué bueno! ¡Qué bueno! Clara, vuelve a pensar en aquella escena inicial que estamos trabajando. En una escala de cero a diez, donde diez es la máxima perturbación y cero ninguna, ¿cómo está ahora?

C: Cero.

T: ¿Cambió algo?

C: Es como si mi postura con relación a esto ahora es de solo mirarlo. Lo recuerdo todo. Es: fue así.

T: Es cierto, fue así.

C: Pero no me impide nada, ni ser quien soy ni de todas mis posibilidades en la vida.

T: Es verdad. Bueno, cuando piensas en ese recuerdo difícil y en las palabras "Puedo tener una buena relación", ¿son esas las palabras que quieres reforzar o aparecieron otras palabras que prefieres?

C: Bueno, se transformó en algo más general, no solo relacionado con la relación amorosa, pero algo parecido. Al mismo tiempo es más significativo: "Puedo mostrar mi amor".

T: ¡Qué bonito! Y ahora, pensando en aquella escena inicial, con tu madre, y pensando en las palabras "Puedo mostrar mi amor", en una escala de uno a siete, donde siete es completamente verdadero y uno es completamente falso, ¿cuán verdaderas sientes que son esas palabras positivas ahora?

C: Cinco.

T: Entonces, trae a la mente aquella experiencia difícil, piensa en las palabras "Puedo mostrar mi amor", y sigue mis movimientos. [MBL] Respira hondo.

C: Sí. Lo que aún no está bien no tiene que ver con mi madre, pero sí con el amor hacia mí misma. Fue siempre la no expresión de este amor hacia mí misma que me impedía plantarme y poner límites saludables: en amistades abusivas; con el chico con el que todavía no era el momento para hacer aquello, o con mi madre. Podría haberle dicho: "Ah, no es para tanto". No es cuestión de falta de fuerza, pero sí de la no expresión de ese amor por mí misma. Viene otra vez la escena de mi nacimiento.

T: Y ahora cuando piensas en aquella experiencia difícil, y piensas en las palabras "Puedo mostrar mi amor", en una escala de uno a siete, donde siete es completamente verdadero y uno completamente falso, ¿cuán verdaderas sientes que son esas palabras ahora con relación a aquello?

C: Hay una parte que creo que aún es un seis.

T: OK.

C: Aún aparece una inseguridad.

T: Vamos con eso. [MBL] Respira.

C: Vino, al final, una mezcla de imágenes de cosas de mi infancia: yo de niña, muy feliz... Y ahí surgió esta frase: "Merezco ese amor".

T: Vamos con eso. [MBL]

C: [Se emociona.] Ella no se cuidó a sí misma. La niña no se cuidó. Siento este tipo de emoción muy frecuentemente, en situaciones en las que empatizo con otra persona. Ahora estoy teniendo esa experiencia conmigo misma.

T: ¡Qué bueno! ¿Entonces...?

C: Siete. [Risas.]

T: ¿Siete?

C: ¡Siete! ¡Siete!

T: ¿Hacemos una vuelta más para salir de aquí con un siete poderoso?

C: ¡Adelante! Sí, lo necesito.

T: Entonces vamos. [MBL]

C: Ahora tuve la sensación de que tengo la debida contención para todo ese amor. Creo que tenía miedo de que fuese demasiado; que me podía perder en medio de todo eso.

T: [MBL] [La cliente respira hondo.]

C: ¡Estoy en paz!

T: Excelente. Cierra los ojos solo un ratito, concéntrate en esa experiencia difícil que acabamos de trabajar y piensa en las palabras positivas, "Puedo mostrar mi amor". Lentamente examina todo tu cuerpo y dime si sientes alguna perturbación.

C: No. Está todo en paz. Es como que ahora hay espacio para todo acá adentro. Está todo bien organizado... una sensación bien buena. Hay espacio para otras personas, también, aquí ahora.

T: ¡Qué bueno! Clara, el reprocesamiento que hicimos hoy puede continuar después de la sesión, como ya sabes. Cualquier cosa que necesites, ponte en contacto conmigo.

C: Sí. ¡Gracias!

T: Qué regalazo te estás llevando.

C: Súper. Gracias.

T: ¡Qué bueno! Eres hermosa. Gracias por la confianza de trabajar un tema tan difícil y delicado aquí con nosotros.

C: Gracias. [Risas.]

Cerramos la sesión, y como se trataba de una demostración en vivo, delante de otros colegas, pasamos al reprocesamiento metodológico y los comentarios. Una media hora después, viendo el rostro despejado de Clara, le pregunté:

T: ¿Cómo te estás sintiendo ahora?

C: Es difícil. Creo que ahora tendría que trabajar la otra escena, la del niño.

T: ¿Ahora cuando piensas en aquella escena, cambió algo?

C: Sí, cambió. ¡Me dan ganas de utilizar mis nuevos recursos con él! [Risas.]

T: Cierra los ojos un ratito. Termina aquella escena como te gustaría que terminase.

C: Se trataba de un niño en quien estaba comenzando a interesarme, pero yo no estaba lista.

T: Deja que hable esa niña. [Unos minutos de silencio mientras la cliente va pensando en la escena con el niño que la besó.]

C: Sí, fue bien tranquilo, ¡quizás la próxima vez la pase bien con él! [Risas.]

T: ¡Así se habla! [Risas.]

C: Es "Sí, pero cuando *yo quiera*, cuando yo esté lista".

T: Cuando estés lista, exacto.

C: Y ahora estoy yendo a la casa de mi amiga.

T: ¡Exacto, vamos a decirle lo que piensas de ella ahora! [Risas.]

C: [Risas.] Le dije que no tenía problema en que fuéramos diferentes, pero que cada una tiene su tiempo. Le dije (en mi imaginación) que aceptaba las experiencias que ella ya había tenido, y que hasta podría aprender de ellas, pero que para mí aún no era la hora. Aún me gustaba jugar.

T: ¡Aún me gustan las muñecas! [Risas].

C: ¡Así es! Ahora estoy yendo a mi casa, sonriendo. ¡Ah, qué bueno!

T: Mira cómo es de espontáneo el reprocesamiento. Me hubiera gustado proponerte todo esto mientras aún estábamos trabajando, pero estábamos un poco cortas de tiempo. Mira cómo una escena trajo otra escena, y tú cambiaste también. Y pudiste darle el fin a la historia con el niño de la manera que querías. Así pudiste cerrar el tema.

C: Es cierto.

Siempre les avisamos a nuestros clientes que el reprocesamiento continúa después de la sesión. Fue muy interesante ver cómo las expresiones físicas de Clara fueron cambiando mientras el grupo comentaba lo que había sucedido en la sesión. Ver los cambios en su postura y en los comentarios espontáneos que hizo al compartir con el grupo fue lo que me impulsó a pedirle que hiciera esa conclusión.

También es importante recordar que una de las cosas que complican la cuestión del trauma es justamente el "paso inconcluso". Debido a mi formación anterior en psicodrama, comúnmente en mi trabajo actual con terapia EMDR propongo lo que yo llamaría "psicodrama interno" con reprocesamiento bilateral. Aprovecho para implementar entretejidos cognoscitivos — propuestas que no surgieron espontáneamente a partir de los pensamientos del cliente— en un intento de cerrar el paso inconcluso. Este caso ilustra el uso de esa técnica: le pedí a la cliente que rehiciera la escena, pero con un final deseado. Es una forma no solo de terminar, sino también de terminar bien. De cierta forma, el cerebro no diferencia lo que imaginó de lo que realmente pasó, y por esto la persona acaba fijando el final feliz como la resolución de la experiencia difícil.

Miedo a las gallinas

T: Entonces, Camila, cuéntame un poquito sobre lo que quieres trabajar hoy.

C: Anoche, después de hablar contigo, soñé un montón de cosas interesantes. Tuve una familia que no me ofreció llevarme a los lugares que yo realmente quería ir. Hubo un tiempo en el que mi padre simplemente desapareció. Todo esto me vino anoche.

¿Recuerda que yo le dije que quería trabajar mi miedo a las gallinas? Es porque me avergüenzo de tenerles miedo a las gallinas. Hasta mis sobrinos pequeños se ríen de mí y dicen: "Tía, ¿por qué le tienes miedo a las gallinas?". Fue por ese tiempo [en que mi padre desapareció], que fui a recoger una gallina y ella se colgó aquí en mi pecho. Me quedé tan paralizada por el miedo que no lograba sacármela de encima; simplemente me paralicé. Anoche tuve pesadillas relacionadas con esa época. Mi padre desapareció, mi madre es depresiva desde que tengo memoria, así que me faltó ese lugar seguro. Fui a vivir con mi abuela materna, y eso fue horrible. De mi abuelo, tengo una imagen de él llegando a casa con una bolsa y en la bolsa tenía leche en polvo y comida. Entonces, cuando las cosas se ponen difíciles, me refugio en la comida. Esto ha sido un verdadero problema, porque tengo colesterol alto. No logro controlarme. En mi ansiedad, busco un lugar seguro en la comida, en busca de amor en la comida.

T: Habíamos hablado de trabajar el miedo a las gallinas. ¿Vamos a trabajar eso?

C: La gallina está vinculada con esto porque todo pasó en la misma época.

T: Está bien.

C: Sabes, mi papá desapareció, mi madre estaba enferma y yo fui a recoger a esa gallina y la gallina se me colgó, pero creo que mi parálisis en aquella situación se debió a eso... ¡No tenía a nadie! ¿Qué estaba pasando?

T: Las dos cosas se juntaron...

C: Parece que todo se mezcló con lo de la gallina. No sé explicarlo.

T: Ya sabes sobre la señal de pare. Sabes que puedes parar en cualquier momento. Escogiste el tren como tu metáfora. Ya probamos los movimientos y ya tienes tu lugar seguro. De esa experiencia difícil que me comentaste, ese momento con la gallina colgada y tú sin poder hacer nada, ¿es esa es la peor imagen, la parte más difícil de esa experiencia, o tendrías otro momento en que el miedo a las gallinas sería peor?

C: La parte más difícil es sentirme paralizada frente a las cosas y buscar en la comida la salida. Siempre hago eso.

T: Quisiera una foto. ¿Podemos usar la foto de la gallina?

C: Quizá la foto de mi abuelo con la bolsa. Es más fuerte que la de la gallina.

T: Si trabajamos la foto de tu abuelo con la bolsa es posible que no sanemos el miedo a las gallinas.

C: Prefiero trabajar el tema de la comida. Puedo dejar de lado a la gallina. [Risas.] La gallina dejémosla para después.

T: Entonces, descríbeme un poco esa imagen: ¿cuál fue esa "foto"?

[Nótese la importancia de precisar claramente qué se va a trabajar. ¡El cliente siempre tiene razón! Puede hasta cambiar de idea en el transcurrir de la sesión.]

C: Es una calle donde viví de niña, una calle que no tiene salida.

T: Entiendo...

C: Una calle angosta, y veo a mi abuelo llegando de lejos con la bolsa azul en la mano. Y sé que hay comida allá adentro, y voy corriendo para encontrarme con él. Esa es la imagen visual más fuerte.

T: Cuando piensas en esa imagen, en esa experiencia difícil, ¿qué piensas con respecto a ti misma ahora, que sea negativo?

C: Hace muchos años que trabajo estas cosas en terapia, de no lograr vencer el tema de la comida. Me siento impotente frente a la ansiedad que me hace comer todo.

T: ¿Entonces, podríamos decir "Soy impotente"? ¿Son esas las palabras que describirían cómo te sientes?

C: Parece que surge el caos... La ansiedad aprieta mucho. Es un tiempo de caos como que va a faltar comida, van a faltar personas que cuiden, va a faltar todo y...

T: Y yo soy impotente.

C: Y yo soy impotente.

T: Bien, cuando piensas en esa imagen, en esa experiencia difícil, ¿qué te gustaría pensar sobre ti misma ahora, en vez de pensar, "Soy impotente"?

C: Que tengo dominio sobre mis acciones, sobre mi ansiedad. Creo que ni es sobre mi acciones; es sobre manejar la ansiedad con menos impotencia.

T: Vamos a ver si podemos poner eso en términos un poco más generales, para nuestro trabajo. ¿Qué te parece así: "Tengo dominio propio", "Tengo control"?

C: "Tengo control"; la palabra clave es "control".

T: Cuando piensas en esa imagen que me describiste, de tu abuelo con la bolsa, ¿cuán verdaderas sientes que son esas palabras, "Tengo control", en una escala de uno a siete, donde siete es completamente verdadero y uno es completamente falso?

C: Cinco.

T: Cuando piensas en esa experiencia difícil y en esas palabras negativas, "Soy impotente", ¿qué emociones sientes ahora, cuando piensas en eso?

C: Una cierta postración, como si esa impotencia estuviese en mi cuerpo. Hasta el cuerpo se me pone pesado, parece paralizado. Impotente.

T: Impotente. En una escala de cero a diez, donde cero significa ninguna perturbación y diez es la perturbación más alta que puedes imaginar, ¿cuánta perturbación sientes ahora cuando piensas en aquello hoy?

C: Ah, tengo siete.

T: ¿Y dónde sientes esa perturbación en tu cuerpo?

C: Especialmente en las piernas, como si mis piernas no tuviesen fuerza.

T: ¿Como si estuviesen paralizadas?

C: Paralizadas.

T: Vuelve a pensar en esa experiencia difícil que me describiste y piensa en esas palabras negativas, "Soy impotente". Sabes que siempre puedes pedir que paremos. Voy a hacer unos pocos movimientos, paramos y tú comentas lo que surgió entre cada serie de movimientos. ¿Está bien?

C: Bien.

T: Entonces, vuelve a pensar en esa experiencia difícil y piensa en esas palabras negativas, "Soy impotente", localízalo en tu cuerpo y sigue mis movimientos. [MBL; en este caso, la paciente pidió movimientos táctiles.] Respira hondo; exhala. ¿Qué surgió?

C: Mira, no me vino ninguna imagen. La única sensación es que sentí la pierna un poco menos tensa.

T: ¿Podemos seguir?

C: Podemos.

T: Vamos con eso.

C: Si surge alguna imagen, ¿te lo tengo que decir?

T: Sí. [MBL] Respira. ¿Qué apareció?

C: Tengo una imagen de mis piernas muy grandes y congeladas, como si fuesen dos bloques de hielo.

T: Vamos con eso. [MBL] Respira. Y ahora, ¿qué aparece?

C: No aparece nada; solo un cierto alivio. No me vino ninguna imagen.

T: ¿Podemos seguir?

C: Podemos.

T: OK. [MBL] Respira hondo. ¿Y ahora?

C: No sé, tengo un pensamiento así: no necesito quedarme congelada durante el resto de mi vida.

T: Concéntrate en eso. [MBL]

C: Me aparece una imagen... Como si la gallina estuviese allí y yo le doy una bofetada y me la arranco. ¡Es muy loco! ¡Es una furia! Quisiera levantar esa gallina... una cosa medio furiosa así como de volar encima de ella.

T: Entiendo.

C: Como si tuviese que agarrarla por el cuello y apretarlo.

T: Entiendo.

C: Y después de apretarle el cuello, podría echarla a un lado y decir: "¡No te tengo más miedo!".

T: Entiendo.

C: Voy a contarte las cosas que vienen. Son bien inconexas. Me veo de niña, corriendo, jugando y diciendo: "No me voy a preocupar por la gallina".

T: Muy bien.

C: Y de repente, yo soy una adulta y la gallina es pequeña.

T: ¡Wow!

C: Es solo una gallina.

T: Así es. [MBL] Respira hondo. ¿Y ahora?

C: No sé, estoy tranquila.

T: Volviendo a aquella experiencia difícil, aquella que me describiste, en una escala de cero a diez, donde diez es la máxima perturbación que puedes imaginar y cero es ninguna perturbación, ¿cuánta perturbación sientes ahora cuando piensas en aquello?

C: Cinco.

T: ¿Cuál es el aspecto que te sigue molestando?

C: Mi abuela. Apareció en mi vídeo [interno] una imagen de mi abuela.

T: Vamos con eso. [MBL]

C: Mi abuela era muy mala. Se la pasaba diciendo: "No va a haber suficiente comida, no va a haber suficiente dinero, tu padre es un irresponsable". La sensación de no tener, de que me faltara, me daba mucho miedo.

T: Entiendo.

C: Hablaba muy mal de mi padre y no me gustaba oír eso. Ella escondía comida y simplemente para provocarla, yo la tomaba a escondidas. Cuando ella descubría lo que había hecho, me perseguía. [Risas.] Me vino una cosa así: ¿hasta cuándo voy a comer solamente para provocar a mi abuela?

T: Así es. ¿Hasta cuándo?

C: Hasta que deje de ser boba; para mostrarle que puedo comer. Que ella ya murió y yo sigo comiendo. Otra cosa que me molesta en ella es que ponía a mi abuelo como salvador, como si nosotros fuéramos a morir de hambre e hiciera falta que él trajese comida. Eso me da ira, porque creo que nadie se estaba muriendo de hambre allí. Era más la sensación de que iba a faltar, porque realmente nunca pasé hambre. Era lo que ella decía, solamente.

T: Vamos con eso. [MBL]

C: Viene esto: me siento impotente cuando ella dice estas cosas. Y entonces como, para mostrar que soy potente.

T: ¿Cómo así? [Para enfatizar lo que la paciente acaba de percibir.]

C: Yo como, no solo para mostrarle a ella, porque comía a escondidas. Recuerdo que había un fogón... Estoy viendo el fogón. Ella escondía allí la comida. En la parte de arriba había un cajón y yo iba allá y la tomaba. Sabía que esa comida era para la cena y que estaba todo contadito, pero la tomaba, aun sabiendo que ella me iba pegar después u otra cosa, pero yo la enfrentaba; enfrentaba su ira.

T: Sigamos con eso. [MBL]

C: Es como si me gustase atraer la ira de ella hacia mí y después me moría de miedo. Ahora la sensación que tenía en la pierna se está poniendo mejor.

T: Qué bueno.

C: La sensación inicial en la pierna era diferente de la que tengo ahora. Ahora es como si estuviese sintiendo que mi pierna tiene huesos, músculos, algo que puedo apretar con el pie. Esa sensación está empezando a esparcirse por el cuerpo, en la espalda. Es como una fuerza, no sé... Es como que ahora puedo sentir mi cuerpo. Creo que tengo piernas que me pueden sostener.

T: Repite eso.

C: Veo que puedo pararme sobre mis piernas. Que mis piernas no necesitan ser tan pesadas, que hasta podría salir corriendo para escapar, si lo necesitara, para que no me estuvieran dando una paliza todo el tiempo.

T: Vamos con eso. [MBL]

C: Me vino una imagen. Mi abuela me pegaba mucho con una vara. Había un duraznero; ella cortaba unas varas de allí y me daba en las piernas. Si pudiese, le quitaría esa vara de la mano, la quebraría y la tiraría, porque eso era una forma de cobardía de parte de ella. Creo que yo sufría tanto, por el simple hecho de estar allí. No necesitaba además de aquello. Parece que la ira que ella sentía contra mi padre me la echaba a mí, porque yo lo defendía a él. Cada vez que ella hablaba mal de él, yo lo defendía. Me viene una sensación de libertad.

T: ¿Qué es eso?

C: No sé. No logro explicarlo. Es como si hubiese estado presa en esa historia. Ahora me veo a los siete años... en esa casa, en ese lugar; y de repente es como si pudiese salir de allí y dejar esa parte de mi vida en el pasado, porque fue un tormento.

T: [MBL] Respira hondo; una vez más.

C: Es como si pudiese salir de mis siete años.

T: Entiendo.

C: Y tener mis cincuenta y cuatro. Y a mis cincuenta y cuatro, no necesito tenerle miedo a mi abuela, a las gallinas, a quedarme sin comida, a necesitar que mi abuelo traiga comida. Puedo autosostenerme.

T: Así es.

C: Y eso le da un apoyo a todo mi cuerpo. Siempre estoy mal sentada, pero ahora puedo sentir que estoy sentada.

T: Entiendo.

C: Como que estoy encima de mis piernas, con la columna recta: así es como me gusta estar. Puedo hacerlo. Hace mucho tiempo que estoy buscando esto.

T: Entonces, volviendo a aquella experiencia inicial difícil, en una escala de cero a diez, donde diez es la máxima perturbación que puedes imaginar y cero es ninguna, ¿cuánta perturbación sientes ahora cuando piensas en aquello?

C: Mira, me vino una imagen así: la primera escena fue cuando lo veía a mi abuelo e iba corriendo hacia él. Pero ahora, puedo quedarme donde estoy, allá en la calle donde estaba la casa, y quedarme viéndolo venir con la bolsa. Ya no tengo que correr hacia él. Con relación a la perturbación... si me quedo en ese lugar, no tengo perturbación alguna. Puedo quedarme en el lugar, pero en un lugar adulto, simplemente mirándolo llegar, quizá sabiendo que él nunca iba a dejar que faltara la comida. Eso me emociona, saber que había alguien que se preocupara. Había alguien que nos cuidaba, aunque mi madre estuviese postrada en cama y mi padre hubiese desaparecido. Mi abuela siempre estaba buscando una pelea, pero había alguien. Y me vino una imagen de una puerta que se cerraba, como si pudiese decir: "Basta, quiero cerrar esa puerta y abrir otra para el futuro. Basta de eso, basta".

T: Así es.

C: Es como si el toque en mis piernas [la paciente se refiere a los movimientos táctiles en la pierna, según el pedido de ella] viniera de mi autonomía.

T: Sí...

C: Quizá sea la autonomía de no tener que correr hacia la bolsa de comida, de poder quedarme parada... ¡Eso es tan bueno! ¡Muy bueno! Saber que no necesito correr a la heladera y que mi esposo me encuentre por la noche, comiendo. [Risas.] Sin peligro. [Risas.]

T: Solo para hacer una última evaluación entonces, en una escala de cero a diez, cundo piensas en aquella experiencia difícil con la cual comenzamos, ¿cuánta perturbación sientes ahora?

C: No, no tengo.

T: ¿Es cero?

C: Cero.

T: Usaste varias expresiones como creencias positivas. Usaste la expresión "Tengo control". ¿Esas palabras aún son válidas? ¿Quieres reforzar estas palabras o piensas que hay otras palabras positivas que prefieres? En el transcurrir del trabajo dijiste varias cosas: "Yo puedo", "Puedo pararme sobre mis piernas". Hablaste de autonomía: "Tengo autonomía". De esas expresiones, ¿cuál crees que es la más apropiada: "Tengo control", "Tengo autonomía" o "Yo puedo"?

C: "Yo puedo" me gusta más.

T: ¿Es eso lo que quieres instalar?

C: Yo no sé qué es lo que puedo, pero es la mejor. [Risas.] Bien.

T: Bueno, entonces, piensa en la experiencia con la cual comenzamos.

C: Sí.

T: En una escala de uno a siete, siete es completamente verdadero y uno es completamente falso, ¿cuán verdaderas sientes que son esas palabras, "Yo puedo"?

C: Yo puedo.

T: Siete es verdadero.

C: Siete. Siento un siete. Es increíble la sensación de mis piernas: es totalmente diferente. ¿Qué pasó? La sensación corporal es un siete también.

T: ¿Quieres fortalecer esto un poquito más?

C: Quiero.

T: Piensa en ello. [MBL]

C: Me vino algo así: cuando me vengan ganas de atacar la heladera, ¿podré hacerlo realmente? [Risas.]

T: Vamos con eso. [MBL]

C: Ah, me surgió otra cosa: "Puedo escoger, puedo elegir".

T: OK. En una escala de uno a siete, ¿cuán verdaderas sientes que son esas palabras, "Puedo escoger"?

C: Le voy a dar un seis.

T: Le vas a dar un seis.

C: Sí.

T: ¿Y qué impide que sea siete?

C: Quizá necesite experimentarlo.

T: Entiendo.

C: En la práctica. Sí. Vivirlo en la práctica.

T: Piensa en esa experiencia difícil con la cual comenzamos y en esas palabras, "Puedo escoger", y sigue mis movimientos.

C: ¿Puedo cambiar de movimiento?

T: Puedes.

C: Me gustaría que hicieses el movimiento visual.

T: Entonces piensa en esas palabras, "Puedo escoger", y sigue mis dedos. [MBL, ahora con movimientos visuales conforme el pedido de la paciente.] Respira hondo. ¿Y ahora?

C: Está confortable.

T: ¿Está bien? En una escala de uno a siete, siete es completamente verdadero y uno es completamente falso.

C: Siete. Estoy bien confortable.

T: Cierra los ojos un ratito, concéntrate en aquella experiencia difícil con la cual comenzamos, piensa en esas palabras positivas, "Puedo escoger", mentalmente examina todo tu cuerpo y dime si sientes alguna perturbación.

C: Es interesante que ahora lo siento en el pecho, pero ya no es más una perturbación.

T: ¿Qué sientes en el pecho?

C: Es como una ampliación.

T: ¿Vamos a fortalecer eso un poquito?

C: Sí.

T: ¿Quieres los movimientos táctiles o los visuales?

C: Puede ser el chasquido de sus dedos. [Pide los movimientos auditivos.]

T: Puede ser, ¡pero solo un poquito! [Risas.] [MBL] Respira. ¿Sientes alguna perturbación?

C: Me viene una palabra, *amor*.

T: Piensa un poquito más en eso.

C: Ya terminó.

T: Terminó, realmente.

C: Así es. Terminó. Ya no me hace falta.

T: No hace falta. Como sabes, el reprocesamiento que hicimos hoy puede continuar después de la sesión. Es posible que durante el resto de los próximos días, durante la semana, tengas nuevos *insights*, pensamientos, recuerdos o sueños; espero que no tengas más las pesadillas. Si esto pasa, fíjate en lo que está sucediendo, saca una "foto" de lo que ves, de lo que sientes, de lo que piensas y presta atención a los disparadores… qué fue lo que disparó aquello. Lleva un registro o un diario de esas cosas que van surgiendo durante la semana, los pensamientos, las sensaciones, los recuerdos, las experiencias.

¿Cómo estás ahora?

C: Estoy bien.

T: Tu cara se ve mucho mejor.

C: Estoy mucho mejor.

T: Muy bien. Quiero agradecerte. Fue un privilegio trabajar contigo. ¡Muy bonito lo que hiciste, muy lindo! Ahora por pura curiosidad: piensa en la gallina.

C: ¡Se ha vuelto tan pequeña! [Risas.] ¡Ya había pensado en ella! [Risas.] Es increíble la imagen de la gallina. En la primera imagen, era muy grande y después cuando la tomé del cuello, fue haciéndose pequeña. Cuando la eché al suelo, simplemente se fue. Yo dije: "Miedo, ¡vete!". No sé quién es esa gallina, o qué representa para mí.

T: ¡Pero se terminó también!

C: ¡Terminó! Terminó. Vamos a ver cómo funciona; ¡por eso le di un seis!

T: Bien.

C: Gallina y heladera, vamos a ver. [Risas.] Pero sabe, es un "Vamos a ver", casi como una certeza.

T: ¡Después nos cuentas!

C: Les voy a contar. [Risas.]

T: ¡Gracias!

Resiliencia

Pasados varios años, volví a hacer una sesión con Camila. Cuando nos volvimos a encontrar ¡ella había bajado más de quince kilos! Estaba elegante, alegre, hermosa. Ya no transmitía la depresión y tristeza de la primera sesión. ¡Ni recordaba haberle tenido miedo a las gallinas! Quería trabajar otro tema.

Una de las cosas que solemos buscar en la terapia EMDR es lo que llamamos del evento base: aquella experiencia que disparó los síntomas actuales. Por eso les pedimos a los pacientes que piensen en otros momentos de sus vidas donde sintieron o pensaron las mismas cosas que están viviendo en la situación actual. Es impresionante y sorprendente ver los recuerdos y las escenas que aparecen.

Esta sesión con Camila es especialmente conmovedora cuando se tienen en consideración las limitaciones familiares con las cuales luchó cuando niña. Veremos el impacto que pueden tener el amor y el aprecio de *una persona* en la vida de otra. Cuatro años de inversión emocional desinteresada, por medio de una clase de costura, trajeron estabilidad y rutina a la vida de Camila. Quizás hayan cambiado por completo el rumbo de su vida. Dejemos que ella cuente su historia.

C: Es difícil enfocarme en una frase que quiera trabajar hoy. Es una sensación de no poder realizar bien mi actividad profesional. Creo que estoy trabajando demasiado y ganando poco. Al mismo tiempo, oigo que otras personas dicen que atienden el mismo número de pacientes que yo y me pongo a pensar: "¿Pero por qué ellas lo logran y yo no? ¿Si tengo el consultorio lleno de pacientes, como todos quisieran tenerlo? ¿Y qué voy a hacer con todo esto? ¿Voy a rechazar a algunos?". Es un conflicto. Estoy viviendo un conflicto que incluso perjudica mi salud.

T: ¿De qué forma?

C: ¿De qué forma? [Risas.] Tengo un malestar en el estómago. Casi todos los días cuando termino mi trabajo ya tengo esta cosa. Es un malestar muy grande. Todavía tengo algunas cuestiones con la comida, el tema que ya trabajaste conmigo. Es como si todavía necesitara comer mucho para poder relajarme.

T: Entonces, cuando piensas en el trabajo, con esas palabras que usaste anteriormente: "Me siento explotada, no soy capaz, tengo demasiado trabajo", vuelve un poquito para atrás, revisa tus recuerdos, y fíjate si recuerdas haber sentido esto antes, o haber tenido experiencias así anteriormente... quizás durante tu infancia o adolescencia. [La paciente permanece en silencio unos instantes mientras piensa.]

C: Sí, es una cosa que se vuelve más clara en mi adolescencia.

T: ¿A la edad de...?

C: Unos doce años... A mi padre nunca le gustó trabajar. No conseguía empleo fijo de ninguna manera. Siempre vivió de pequeños trabajos temporarios, una vida de locura, así que había mucha falta de dinero en casa. Recuerdo que yo no tenía mucha ropa. La primera vez que fui a encontrarme con un enamorado, me puse un vestido de mi madre. Una vez visité São Paulo, porque la familia de mi padre es de allá. La familia de mi padre es una familia rica, pero mi padre era la oveja negra. Siempre fue la oveja negra. Crio cuatro hijos sin trabajar, aferrándose a este estilo de vida de locura. Fui a visitar una amiguita usando un vestido de mi abuela. Hoy pienso qué ridícula debo haber estado.

A los doce años, empecé a coser. Fui a clases de corte y confección, porque quería tener qué ponerme. Recuerdo una vez, al inicio de mi adolescencia... debía tener quizá unos once años... a una tía, hermana de mi padre, diciendo: "¡Venimos con estos niños a la playa, pero ellos no tienen qué ponerse!". Eso me avergonzó. Ahí resolví estudiar costura, pero mi madre era una mujer muy rígida. La condición que impuso para pagarme el curso de corte y confección fue que yo tenía que coser para toda la familia. Eso me dio mucha ira. Pasé años yendo a las clases, y tenía que hacerles la ropa a todos, para poder ir a los bailes, para mí y para mi hermana. ¡Mi hermana tenía toda la ropa lista! Me acuerdo de estar llorando encima de la mesa de corte, porque el día del baile iba a llegar y tenía que hacer mi vestido y el de ella. La maestra sentía pena por mí y me ayudaba. Este peso viene de esa época: si yo no lo hago, nadie lo hace y simplemente no se va a hacer.

T: Si fuéramos a escoger una foto de esa situación, ¿cuál sería?

C: Me veo encima de la mesa de corte, llorando. Estaba desesperada. El baile era el sábado; era jueves y no iba a poder. No iba a lograr terminar. Y si no terminaba, mi madre no iba a dejarme ir al baile. Tenía que hacer mi vestido y el de mi hermana. Todavía lo estoy viendo... Cuando tenía quince años, mi madre compró una tela muy, pero muy barata para mí y para mi hermana. Era para nuestros vestidos de debutantes. ¡Tenía tanta ira, por tener que hacer el mío y el de mi hermana! Me enojaba cada vez que trabajaba en el vestido de ella, porque quería poder hacer el mío, pero no. Tenía que hacer los dos.

T: Cuando piensas en ese recuerdo difícil, ¿cuáles son las palabras que describen mejor lo que piensas sobre ti misma ahora, que sean negativas?

C: Que tengo que hacer las cosas con mucho esfuerzo. También me viene: no lo voy a poder hacer. Me vienen esas dos cosas: que es muy pesado y que no voy a poder.

T: ¿Podría ser "Me explotan"?

C: ¡Odiaba cuando tenía que hacerle la camisa a mi hermano! ¡Realmente odiaba tener que hacer los ojales en la máquina...! Mira, ¡me gusta coser! Recuerdo haber hecho los primeros vestidos de mi hija con el mayor placer, pero nadie me obligaba a hacerlo. Creo que es eso lo que quiero sentir en mi trabajo. No quiero sentirme obligada. Creo que tiene que ver una situación, más o menos reciente, donde mi esposo tuvo una pérdida financiera grande y esto me movió el piso en el consultorio, ¿sabes?

T: Tengo que trabajar.

C: Tengo que trabajar.

T: Estoy obligada a trabajar.

C: Tengo que poder, porque él no puede.

T: Entonces, ¿podemos trabajar con la expresión "No voy a poder"?

C: Creo que sí. Creo que es lo más fuerte.

T: ¿Es lo más fuerte?

C: Porque me pega en el estómago.

T: ¿Es eso lo que te pega en el estómago: "No voy a poder"?

C: Sí. Para poder, hay que comer. [Risas.]

T: ¿Hay que tener mucha energía?

C: Mucha energía.

T: Ahora cuando piensas en esa situación difícil, ¿qué palabras describen mejor lo que te gustaría pensar sobre ti misma, que fuesen positivas?

C: Que puedo hacer las cosas con placer.

T: ¿"Lo hago con placer"?

C: "Lo hago con placer". Sin sentirme explotada. Porque yo quiero.

T: Y cuando piensas en ese recuerdo difícil, en una escala de uno a siete, donde siete es completamente verdadero y uno completamente falso, ¿cuán verdaderas sientes que son esas palabras positivas, "Lo hago con placer", ahora?

C: Tres.

T: Y cuando piensas en esa experiencia difícil y en las palabras negativas, "No voy a poder", ¿qué emociones te aparecen ahora?

C: A veces, desesperación, porque me siento sin salida. Tengo que hacer y no hay cómo salir. Estoy atrapada. No tengo salida. Es verdadera desesperación.

T: Y cuando piensas en esa experiencia difícil, ¿cuánta perturbación sientes ahora, en una escala de cero a diez, donde diez es la máxima perturbación y cero ninguna?

C: En este momento no está tan alta, pero cuando estoy adentro de la situación, tengo diez de perturbación.

T: ¿Y cuánto tienes ahora?

C: ¿Ahora? Tengo siete.

T: ¿Dónde sientes esa perturbación en tu cuerpo?

C: En el estómago.

T: Camila, vamos a comenzar el procesamiento. No es la primera vez que haces EMDR. Ya sabes cómo es. Ya tienes tu lugar tranquilo. Si lo necesitas, puedes echar mano de ese recurso. Recuerda la señal de pare, y que puedes parar en cualquier momento.

Vuelve a pensar en aquella imagen difícil que me estabas describiendo. Piensa en las palabras negativas, "No voy a poder", observa dónde lo sientes en tu cuerpo y sigue mis movimientos. [MBL]

C: Me vienen dos cosas. Primero: ¡no es justo que le pase esto a un niño! Y segundo: algunas de esas cosas realmente eran demasiado difíciles a esa edad. Por ejemplo, hacer ojales era muy difícil para mí. Pero me veo yendo hacia la máquina de coser, para intentar hacer las benditas cosas.

T: [MBL]

C: Fue un procesamiento más largo. Fui viendo muchas cosas. Recordé la voz de la maestra. Era japonesa y recuerdo exactamente el tono de su voz, gritándoles a los niños... La recuerdo hablando en japonés. Recuerdo que había otras adolescentes. Recuerdo las risas... Oigo el sonido de las risas que compartíamos. Y allí me di cuenta de esto: ¡pasé años de mi vida allí! Parecieron malos pero tuvieron cosas buenas. Fueron unos tres, cuatro años allí. Una cosa me vino: Doña Yolanda era muy buena conmigo. Me quería. A veces yo me quedaba después de la clase, cuando las otras se habían ido, y ella hacía lo que mi madre nunca hizo. [Llora.] Me ayudaba, porque mi madre siempre me cargaba los problemas a mí. Pero nunca me enseñaba qué hacer con los problemas. Con Doña Yolanda era diferente. No solo me ayudaba, sino que también me enseñaba cómo hacer. ¡Nunca me di cuenta de que Doña Yolanda había sido una persona tan importante!

Y ¡yo era realmente terca! Cuatro años pasé allí. No desistí.

T: Perseverante...

C: Mi madre fue una persona muy depresiva; me ayudó muy poco. Mi madre contaba con mi ayuda, pero yo no podía contar con la ayuda de ella. Unos años después, creo que tenía unos quince años, mi madre se deprimió tanto que yo tenía que bañarla. Eso era muy desagradable. Pero Doña Yolanda... de cierta manera, ella me daba algo que yo no tenía en casa. No era solo aprender a coser; eran aquellas tardes con ella. [Silencio mientras Camila piensa en esto.]

T: Ahora vuelve a pensar en todo esto. En una escala de cero a diez, donde diez es el máximo y cero es nada, ¿cuánto te molesta ahora?

C: Cinco.

T: ¿Qué es ese cinco?

C: ¿Qué es ese cinco? Parece que es falta de haber recibido cuidado. La falta que me hizo tener un padre que pudiese darme un vestido cuando lo necesitaba; haber tenido una madre que me enseñase las cosas y no esperase tanto de mí. Mis padres, mi casa… todo era muy caótico. Sin embargo, logré salir entera. ¡Tenía bastante resiliencia! Eso lo sé; pero quedaron huellas de eso adentro de mí... de haber sobrevivido. Tenía una madre esquizofrénica. Ella realmente no pudo manejarse en la vida porque las cosas eran pesadas en casa. Aun con todas las dificultades, yo fui la única que pudo. Pero quedaron lugares adentro de mí que parece que no se han llenado; la falta de adultos significativos, adultos que me diesen el vestido que necesitaba, que me enseñaran cómo se hace algo. Yo no tenía esas personas con quienes contar.

T: Pero descubriste que tenías a Doña Yolanda.

C: Sí, tenía a Doña Yolanda. Tenía a Doña Yolanda.

T: Y hoy te tienes a ti misma.

C: Es como que si adentro de mí hubiese algunos agujeros. Es la falta de cuidado. Y aun con esos agujeros, tuve que ir construyendo mi vida lo mejor que pude. ¡Porque nunca me entregué! Solo que de repente, de vez en cuando, aparecen. Y cuando aparecen, viene esa sensación de "No voy a poder" o "Estoy siendo explotada". Es... de haber empezado a trabajar muy temprano. Empecé a trabajar muy temprano. Eso me dio muchas ventajas. Empecé a trabajar a los dieciséis años. Di clases particulares. Me pude jubilar muy temprano y estudiar psicología. Así que tuve ventajas, cosas buenas; pero todavía tengo adentro esos agujeros en el estómago. Son lugares adonde faltó estructura.

T: De cierta manera, podríamos decir que estamos hablando aquí con dos personas. Una es una niña de doce años. Y la otra eres tú, la adulta. Y tienes estos agujeros. ¿Qué tal si visitas esos agujeros y ves lo que puedes hacer con ellos?

C: ¡Ah, sería bárbaro! Hace años que quiero hacer eso. Además, he intentado hacerlo.

T: ¿Podemos seguir?

C: Adelante. ¿Cómo quieres que haga esto?

T: Piensa en ello un poquito.

C: No sé ni por dónde empezar a pensar.

T: Haz un intento. Si tienes alguna dificultad, te ayudamos. [MBL]

C: La imagen que me viene es de un pozo.

T: Entiendo.

C: Estoy mirando para adentro de un pozo. Ese pozo es un pozo de una casa en la que viví. Sacaba agua de él.

T: Entiendo.

C: De allí salía un agua muy limpia. Pensé: "Puede ser un pozo hondo, pero uno saca agua buena". Ahí apareció una plancha de hierro, de aquellas planchas con carbón que se usaban para planchar la ropa. Vino también un lugar bonito, un lugar que me gustaba en esa casa. Era un lugar seguro donde me refugiaba. En el medio del campo había un tronco en el que me balanceaba. Así que, en el medio de tanta porquería, siempre lograba encontrar alguna cosa buena para mí.

T: Fantástico.

C: Yo me escapaba; desaparecía para ir a ese lugar y allá nadie lograba encontrarme.

T: "Siempre lograba encontrar alguna cosa buena para mí".

C: ¡Sí! ¡Lo lograba! [Risas.] Entonces me vienen dos cosas: esa frase, "Encuentro cosas buenas para mí" y también "Ella era buena conmigo".

T: Eso es.

C: Creo que es así. Recuerdo a mi padre... y pienso en mi esposo y que él fue una cosa muy buena que yo hallé para mí.

T: Sí.

C: Mi abuelo también fue bueno. Hoy veo que busqué un esposo con características muy parecidas a las de mi abuelo, de un cuidador.

T: Sí.

C: Hubo dos veces en las que contrarié a mi padre, porque él era muy importante para mí y nunca le contrariaba. La primera vez fue cuando quise trabajar... Él tenía aquella mentalidad de familia rica; presumido, orgulloso. No me ayudaba, no ayudaba con las cosas de la casa. Era orgulloso. Una maestra del gimnasio me pidió que le diera clases a su hijo. Era inglesa y los hijos tenían dificultades para aprender el idioma. Fui a enseñarle a ese niño y ella me pagaba. Mi padre me dijo: "No vas a ser niñera de nadie, una hija mía no va a ser niñera". Yo le dije: "Sí, lo voy a ser, porque tú no me compras zapatos y yo los quiero". No sé de dónde saqué tanta valentía para decir eso, porque nunca tenía valentía para decirle las cosas a él.

Después, cuando conocí a mi esposo, mi padre dijo: "Ese tipo es una porquería. Con ese tipo, no". Pero nunca tuve dudas de que aquel tipo era "*el* tipo" y que me iba a casar con él, dijese mi padre lo que quisiese. Sabía que él era una cosa buena para mí. Eso me emociona mucho [llora] de una manera bien bonita. De algún lugar encontré ese recurso adentro de mí, para construir cosas buenas. Mi matrimonio tuvo momentos malos, pero siempre pensé: "Este matrimonio se va a poner bueno". Empecé a buscar retiros de pareja, terapia de pareja, y hoy tenemos un matrimonio muy bueno, muy sólido. A pesar de que mi esposo también tiene cuestiones con su familia de origen, tenemos hijos muy, pero muy bien construidos. ¡Entonces, logré hallar cosas buenas! [Risas.] Aun siendo duro, y con dificultad, hemos luchado juntos.

T: Entonces, vamos a volver a la experiencia difícil; en una escala de cero a diez, ¿cómo está ahora? Diez es el máximo de perturbación y cero ninguna.

C: ¡Wow! Me viene una cosa así: aquel peso era como una piedra inmensa. Cuando miro mi vida y veo las cosas buenas que fui sacando de la vida, es como si cada una estuviese de un lado de la balanza. No sé explicarlo. La piedra de un lado y las cosas buenas del otro. Ya no necesita quedarme mirando la piedra; la verdad es que ¡quiero poder mirar las cosas buenas! [Risas.] Y me viene una cosa así: "Pero si la vida es tan ligera, ¿por qué necesito comer tanto, eh?". [Risas.] Es cuestión de construir para el futuro una vida más ligera. Es eso lo que he estado hablado mucho con mi esposo: que quiero una vejez más saludable, más ligera, sin tener que matarse trabajando.

T: Vuelve a aquella escena donde comenzamos. Ahora, en una escala de cero a diez, donde diez es la máxima perturbación y cero es ninguna, ¿cuánto te molesta aquí y ahora?

C: ¿Volver allá a aquella escena?

T: Sí.

C: ¡Wow! La escena se me quedó muy lejos ahora, como si hubiese entrado en un túnel del tiempo. Creo que está en cero ahora.

T: Déjame preguntarte una cosa más. Me dijiste que tienes agujeros de falta de cuidado.

C: Tengo.

T: ¿Los tienes ahora?

C: Quizá necesite cambiar más mis creencias todavía. Es que fui creando una suerte de omnipotencia de que yo cuido de mí misma, porque mi padre no podía hacerlo; mi madre tampoco podía. Pero en verdad no fue que yo me cuidaba. En verdad Dios fue colocando personas en mi vida que fueron haciéndolo. Mi abuelo fue una persona muy significativa. Después estuvo Doña Yolanda. Así fui conociendo personas a lo largo de la vida, que fueron cumpliendo papeles que mis padres no tenían condiciones como para cumplir. Ellos eran realmente muy perturbados. Hoy tengo a mi esposo que cumple ese rol. A veces cuando llego y empiezo a quejarme, hace pizza o algo así. ¿Quizás podría aprender a hacer algo más *light*? [Risas.]

T: Dile: "¿Cambiamos el menú?". [Risas.]

C: En fin, tuve muchos cuidadores; no necesariamente mi padre y mi madre, pero hubo otras personas que me cuidaron.

T: ¿Pero...? [MBL]

C: Tengo algunas cosas todavía. Estaba recordando a algunas personas; después apareció una imagen así como de un diario, que tenía cosas escritas en algunas partes y en el medio estaba en blanco. Después se fueron rellenando esas partes que no estaban escritas.

Ahí me vino una imagen de cuando estaba en primer grado y mi abuela dibujaba cosas en mis cuadernos. ¡Cuánto quería que fuese mi madre la que hubiese hecho eso! Pero mi madre estaba siempre enferma. De allí me vino una imagen de mi madre. Aparece de pie cerca de mi abuela que tenía el cuaderno. Yo quería colorear el diario, pero no me alcanzó el tiempo, porque paró los movimientos. [Risas.] [MBL]

Desde muy niña, una cosa muy bonita que aprendí de mi madre y de mi abuela fue la cosa de la religiosidad. La imagen del diario se transformó en una imagen de un libro escrito en dorado, como si fuese el libro de mi vida. Ahí viene la parte que es como si yo sintiese Dios hablando conmigo. En ningún momento estuve sola; Él siempre proveyó. Realmente la experiencia de la fe y de la espiritualidad fue de donde siempre me agarré en los momentos más difíciles. Y fue de mi madre que aprendí eso. Antes de venir acá, le dije a mi madre: "Tengo un propósito. Mira, estoy necesitando de oración, porque las cosas están demasiado pesadas para mí".

T: ¿Cómo así?

C: A pesar de toda su falta de estructura, y las cosas que ella no me pudo dar... Ella me dio eso: esa fuerza, de sacar agua de los pozos.

T: Sí.

C: De poder cerrar los agujeros. Como si hoy a los 56 años yo pudiese, Dios mío, rescatar eso. ¡Increíble! Enorme. Fantástico. Realmente fantástico.

T: Entonces vuelve a pensar en aquella situación de niña, y fíjate si esas palabras aún son válidas. Dijiste varias otras cosas también. Te voy a decir qué oí aquí y tú decides cuál resuena mejor con tus cosas. Comenzaste con "Lo hago con placer"", pero también dijiste: "Puedo sacar agua de los pozos", "Soy capaz", "Puedo hacerlo".

C: Creo que la creencia es la más básica: "Voy a poder", "Soy capaz".

T: ¿Cuál es mejor: "Soy capaz" o "Puedo hacerlo"?

C: Es gracioso. Parece que en mi cabeza el verbo quiere cambiar a "Lo hice", "Pude hacerlo", como si fuese algo cerrado.

T: ¿Si pude hacerlo, también puedo llenar el agujero?

C: Por supuesto, lógico.

T: Entonces piensa en aquella escena, y piensa en esas palabras. [MBL]

C: Me viene una imagen así: aquella niña con el cuerpo inclinado, como si estuviese mirando hacia el futuro, hacia la vida, y no sabe si va a poder. Es como si pudiese mirar para atrás y decirle a ella: "Pude".

T: Entonces vamos a hacer eso. Trae a esa niña aquí, y quiero que converses con ella. ¿Qué está necesitando? Necesita que tú se lo digas. [MBL]

C: Si yo tuviese que decirle algo a ella, sería así: "Tú puedes, sí; tienes recursos. Y Dios está contigo; y tienes a muchas personas".

T: Usa tu imaginación.

C: ¿Para ir a esa escena?

T: Ve a esa escena y dile esas cosas a esa niña de doce años.

C: OK. [MBL] Viene una cosa bien interesante. Es así: "Puedes hacerlo. Puedes hacer las cosas con placer". Y cuando puedes hacerlo con placer, se va la ansiedad. Porque yo siempre hice las cosas, pero tenía aquella sensación de que no era capaz. La ansiedad estuvo siempre muy presente y, por lo tanto, había muy poco de placer. Así que, si puedo hacer lo que quiero, si puedo hacerlo con placer, puedo hacerlo sin ansiedad. Entonces, eso cierra la cuestión.

T: Una cosa más. Vuelve allá y habla con esa niña. Pregúntale si ahora puede hacer las cosas con placer, sin ansiedad y sin sentirse explotada. [MBL]

C: Sí, porque en el fondo ella también quería agradar a su padre y a su madre cuando hacía ropa para todo el mundo. Podía bien decir: "Ella lo hizo para mí", ya que mi hermana hacía un berrinche y simplemente no hacía las cosas.

T: Tu hermana no sabía de corte y confección.

C: ¿Sabe lo que dice mi hermana? ¿La que está loca? ¡Hay veces que digo, "Debe ser muy bueno ser loca"! [Risas.] Ella dice: "El Universo me da todo lo que necesito". Así que un día me peleé con ella y le dije así: "¿El Universo tiene nombre y dirección, no? ¡La de mi casa! ¡Claro que te da todo lo que necesitas!" Pero hubo momentos en que me moría de envidia y pensaba: "¿Por qué no salí como ella, y no dejé que el Universo hiciera por mí?".

T: ¿Por qué no saliste como ella?

C: [Risas.] Porque escogí. Pero podría escoger quedarme en la mitad. Ya no quiero quedarme del lado opuesto. Yo escojo quedarme en el medio.

T: Muy bien. Pregúntale a tu niña de doce años si logra hacer las cosas sin sentirse explotada, hacerlas con placer, sin ansiedad. Fíjate si ella lo logra. [MBL]

C: Lo que me contesta es: "Tengo que hacerlas con más calma".

T: ¿Entonces vamos a trabajar esto con ella?

C: En vez de hacer tanta ropa, ¡hacer menos! La frase que me viene ahora es "Puedo hacer menos".

T: Puedo hacer menos. Puedo hacer solo para mí. Puedo hacer para mi hermana cuando tengo ganas. Puedo hacer ropa para los demás, si se me da la gana, porque ahora *yo puedo escoger*.

C: Sí, sin embargo dije: "Es difícil". Puedo escoger. Y sabes una cosa, necesito escoger una cosa. Sí. Necesito dejar de ser medio boba y cobrar un poco más por mis sesiones; y escoger trabajar un poco menos.

T: Te sentirías menos explotada.

C: Es que todavía soy un poco boba en cuanto a eso.

T: La sensación que tengo es que la otra niña, la positiva que has adquirido ahora, es la que dice: "Puedo escoger, puedo escoger lo que hago, puedo escoger cuánto cobro, puedo escoger cuántas horas por semana voy a trabajar".

C: Sí. Puedo escoger atender más niños y adolescentes, que me gusta mucho, y menos adultos. Creo que eso es algo que estoy queriendo en este momento: trabajar menos con adultos y más con clínica infantil.

T: Muy bien, cundo piensas ahora en las palabras "Soy capaz", ¿son esas las palabras que quieres reforzar? ¿O prefieres "Puedo escoger"?

C: Ese "capaz" incluye ser capaz de escoger.

T: OK. Capaz de escoger, entonces. En una escala de uno a siete, siete es completamente verdadero y uno es falso, ¿cuán verdaderas sientes que son esas palabras, "Soy capaz"?

C: Tengo un poco de miedo aún, de no poder hacerlo, pero es poco; no es mucho.

T: ¿Y dónde está ese miedo?

C: No sé. Me viene la idea que si cobro más, los pacientes se marcharán.

T: Entonces, tendrás que escoger cómo quieres hacer las cosas. Estudiar, reevaluar, reacomodar, pensar. Vuelva a la niña de doce años; ¿cómo está ella ahora?

C: Bien.

T: ¿Cómo están las palabras "Soy capaz", de uno a siete?

C: Siete.

T: ¿Siete poderoso?

C: Siete poderoso. Fíjate: por aquel entonces si hubiera escogido no hacer cosas para mi hermana, mi madre me habría sacado del curso.

T: Y tú te hubieras quedado sin Doña Yolanda.

C: Y no hubiera tenido la ropa.

T: No hubieras tenido la ropa.

C: Entonces, eso es lo que se transfiere al consultorio hoy. Entendí. Si de repente decido eso: "Soy capaz", y escojo aumentar el precio de la consulta, de hecho tendré que correr ese riesgo.

T: Y quizá vas a perder algunos pacientes al principio, pero incorporarás luego otros nuevos.

Hagamos una escaneo corporal. ¿Cómo está todo?

C: Bien.

T: ¿Todo bien?

C: Bien.

T: Sabes que este procesamiento puede continuar en los próximos días.

C: [Risas.] ¡Qué bueno!

T: Creo que hay más cosas que aún se van a reacomodar ahí adentro. Creo que tienes muchos desafíos por venir, pero quería decirte cuánto te admiro. Esa resiliencia, el cuidado que tantos otros tuvieron de ti... Otra cosa positiva es este cuidado. Pensabas que no te cuidaban, pero parece que no eras tan huérfana como pensabas. También piensa en cómo el curso de corte y confección fue un oasis en tu vida, que te nutrió; te dio cosas buenas. Tu hermana nunca recibió eso; perdió aquella estabilidad, aquella rutina, aquella previsibilidad que el curso —y Doña Yolanda— te dieron a ti.

C: ¡Y ahora yo coso personas! [Risas.]

T: ¡Que fantástico! En ese entonces no tenías opción, pero ahora sí la tienes. Puedes escoger cómo quieres manejar el trabajo.

C: ¡Sí! ¡Soy muy capaz!

T: Me siento privilegiada por haberte acompañado en este proceso.

C: ¡Mira, estoy tan feliz! Porque mi lugar seguro, quien lo instaló fuiste tú. Y creo que hoy todo se completó de una manera que yo jamás esperaba.

T: Mi única recomendación es que continúes cuidando de la niña de doce año. Llévala contigo, para que sepa que no está sola, que está cuidada, que tú la estás cuidando, amparándola, protegiéndola, que ahora ella tiene una "madre" que cuida de ella.

C: Gracias.

Hicimos una reevaluación rápida al día siguiente.

T: Quisiera saber cómo estás hoy. ¿Que pasó de ayer a hoy?

C: Estoy bien. Lo que percibí de ayer a hoy es una cosa muy interesante: una disminución de mi ritmo interno.

T: Qué interesante.

C: Hubo un momento en que estaba conversando con mi abuela y parecía que estaba en cámara lenta. [Risas.] Porque yo soy siempre algo agitada. Me vi hablando con ella, y pensé: "¡Qué raro! Parece que estoy en cámara lenta".

T: ¿Esto te parece bueno?

C: Sí.

T: ¿Estás más tranquila?

C: Sí, lo estoy.

T: ¿Estás viendo las cosas con más calma?

C: Sí, necesito eso.

T: Creo que sí. ¿Soñaste algo?

C: No recuerdo. Me acosté temprano. No recuerdo.

T: ¿Dormiste bien?

C: Dormí bien.

T: Vamos a volver a aquella escena de la máquina de coser, que trabajamos ayer, cuando tenías doce años. Ahora, cuando piensas en aquella imagen, ¿cambió algo? ¿Está diferente?

C: Lo mismo que te dije ayer: está lejos.

T: Y cuando piensas en eso, en una escala de cero a diez, donde diez es la máxima perturbación y cero ninguna, ¿cuánta perturbación sientes ahora cuando piensas en ello?

C: Ninguna. Cero.

T: ¿Qué aprendiste con la sesión?

C: ¡Muchas cosas!

T: Dime dos o tres cosas. ¿Qué te quedó de la sesión?

C: Hoy cuando venía para acá, pensé: "¡Mi vida es tan rica!" Estaba orando y pensando en la riqueza de mi vida. Otra cosa que creo que continuó reprocesando después fue algo así: no necesito rellenar esos agujeros. Porque cada vez que me sentía adentro de los agujeros, tenía uno de mis ataques de comer demasiado para rellenar esos agujeros. Todavía no sé cómo va a resultar todo esto, pero estoy empezando a pensar que no voy a tener que rellenar los agujeros con comida.

T: ¿Hay otras soluciones? ¿O no necesita rellenarlos?

C: No necesito. No necesito rellenarlos. Es cuestión de tener una charla con mi cuerpo. Hacer una reparación con él de las cosas equivocadas que ya me hice a mí misma. En los momentos de desesperación total, me metía todo tipo de cosas adentro, para rellenar los agujeros.

T: Si tuviéramos más tiempo, Camila, te iba a ofrecer montar un protocolo con relación a eso, de cómo uno podría trabajar esa cuestión de los agujeros, cómo se podría solucionar esto, hacer la reparación con tu cuerpo. Como no tenemos tiempo hoy, quedará para una próxima sesión. Lo que me alegra mucho es el resultado de la sesión de ayer. Hoy tienes una cara excelente; parece iluminada.

C: ¡Sin agujeros! [Risas.]

T: Sin agujeros.

C: Sin la sensación de agujero. Esa cosa de la comida... no sé si hace falta trabajarla. Me parece que es una cosa que tengo que hacer conmigo misma. Siento que es una charla que necesito tener conmigo misma. No tuve tiempo de hacerlo ayer, porque quería descansar. Pero siento que forma parte del proceso de cerrar todo y que quizá eso suceda naturalmente.

T: Muy bien. Una vez más quería agradecerte el privilegio de acompañarte en todo este proceso.

C: El privilegio fue mío.

T: Porque es una oportunidad de dejarnos ver un poco de tu vida, y cómo has logrado ser una vencedora.

C: Gracias.

Varios años después, me contacté con Camila para pedirle permiso para incluir su historia en este libro. Ella lo autorizó y escribió:

Fue muy bueno releer estas sesiones. Percibo cuán diferente es mi vida hoy. Ya no me siento explotada por nadie.

Hace cuatro años nos mudamos a la capital. Fue cuando mi esposo tuvo un infarto. Dejé de trabajar por algunos meses para cuidarlo a él. En esa época nació mi primer nieto, y me fui involucrando con dos nietos más que vinieron enseguida. La vida de familia me fue me envolviendo de una manera tan agradable que fui postergando mi regreso al trabajo.

Hoy percibo que aun para dejar nuestro trabajo es necesario una sanidad interna. Ya no me reprocho por no estar ganando tanto. Tengo una jubilación como maestra y eso me basta. Ya no tengo que "ser capaz". Hoy puedo disfrutar de mi familia y viajar bastante. Estoy haciendo un curso de patchwork que me gusta mucho y donde encuentro mujeres maravillosas con quienes reírme y conversar. Al final, la costura es un gran placer pues me enseña a juntar y a combinar los ricos retazos de mi vida. Gracias.

Mas libros de la TraumaClinic Edições

Libros en Kindle/libro electrónico también disponibles en el sitio
www.amazon.com

Ofrecemos descuento por cantidad de compra de los libros impresos

Para adquirir y leer más sobre el libro
Sanando la Pandilla Que Vive Adentro por favor visite nuestra tienda online
https://www.createspace.com/3764676

Para adquirir y leer más sobre el libro
Sane Su Cerebro: Sane Su Cuerpo por favor visite nuestra tienda online
https://www.createspace.com/5574838

Para adquirir y leer más sobre el libro
Saliendo Adelante por favor visite nuestra tienda online
https://www.createspace.com/5280730

Para adquirir y leer más sobre el libro
Curación Emocional A Maxima Velocidad
acesse a nossa loja virtual
https://www.createspace.com/4072390

Para adquirir y leer más sobre el libro *La Revolución EMDR* acesse a nossa loja virtual
https://www.createspace.com/4824092

Para adquirir y leer más sobre el libro
Definiendo y Redefiniendo EMDR acesse a nossa loja virtual
https://www.createspace.com/4390010

Para conocer más los materiales de Plaza del Encuentro visite nuestro sitio web: www.tcedicoes.com.br

Para receber mais notícias e aviso de promoções do nosso material, inscreva-se aqui:
http://bit.ly/2y4cf7y

www.ingramcontent.com/pod-product-compliance
Lightning Source LLC
Chambersburg PA
CBHW020233170426
43201CB00007B/414